LA
SATIRE A ARRAS

AU XIIIe SIÈCLE

PAR

A. GUESNON

PARIS

LIBRAIRIE ÉMILE BOUILLON, ÉDITEUR

67, RUE DE RICHELIEU, AU PREMIER

1900

LA SATIRE A ARRAS
AU XIIIe SIÈCLE

BIBLIOTHÈQUE [illegible]

LA
SATIRE A ARRAS

AU XIIIE SIÈCLE

PAR

A. GUESNON

PARIS

LIBRAIRIE ÉMILE BOUILLON, ÉDITEUR

67, RUE DE RICHELIEU, AU PREMIER

—

1900

(Extrait du Moyen Age, années 1899 et 1900)

LA

SATIRE A ARRAS AU XIIIe SIÈCLE

Chansons et Dits artésiens du XIII° siècle, publiés avec une Introduction, un Index des noms propres et un Glossaire, par Alfred Jeanroy, professeur à l'Université de Toulouse, et Henry Guy, maître de conférences à l'Université de Toulouse. (*Bibliothèque des Universités du Midi,* fascicule II, Bordeaux, Féret et fils, 1898; in-8°, 165 p.)

I

L'épanouissement de notre poésie populaire, à partir de la fin du XII° siècle, n'offre pas d'aspect plus franchement original que celui où, sous tant de formes diverses, se manifeste la gaieté gauloise, l'humeur railleuse, la verve ironique et mordante de nos anciens trouvères du Nord. Les travestissements héroïques, les contes dévots et les moralités, les allégories, les fabliaux, les chansons, tout y est matière ou prétexte aux saillies de l'esprit satirique du temps : satire morale et satire religieuse, satire sociale et satire politique, tantôt générale et indirecte, tantôt collectivement personnelle, individuelle et locale.

A cette dernière catégorie appartiennent la plupart des vingt-quatre pièces publiées par MM. Alfred Jeanroy et Henry Guy, d'après le chansonnier de Noailles, le seul manuscrit qui nous en ait conservé la copie[1].

A n'en juger que par les échantillons connus, — mais sans pour cela méconnaître qu'une foule d'œuvres semblables, nées

---

1. B. N., ms. fr. 12615 (*Ancien suppl. fr.*, 184).

1

de circonstances non moins éphémères, ont dû retomber dans l'oubli du lendemain avec l'actualité qui en faisait l'intérêt, — on se croirait autorisé à soutenir que les trouvères d'Arras appliquèrent les premiers ces divers genres de littérature critique aux incidents journaliers de la vie communale, ainsi qu'aux faits et gestes des notabilités de la classe dirigeante.

Nulle autre ville n'offrait d'ailleurs un milieu plus favorable à leur éclosion que cette vieille capitale des Flandres, le rendez-vous séculaire des jongleurs du pays, devenu avec Philippe-Auguste le chef-lieu d'une nouvelle province française et bientôt après le siège d'une petite cour princière : ville jumelle comprenant deux agglomérations distinctes, juxtaposées et rivales; l'une, la Cité, domaine ecclésiastique soumis à l'autorité temporelle de l'évêque, l'autre, Arras proprement dit, la Ville industrielle et commerciale, assise sur le tréfonds de l'abbaye de Saint-Vaast, régie par une aristocratie de marchands et de banquiers, de tout temps en butte à l'antagonisme des clercs et à la sourde animosité du « commun ».

Des représentants de cette bourgeoisie primitive, une cinquantaine nous ont été signalés par Jean Bodel au début du XIII⁰ siècle, sinon dès la fin du XII⁰, — car, soit dit en passant, les arguments invoqués pour rapprocher la date du *Congé* jusqu'en 1205 sont loin d'être décisifs, comme nous espérons pouvoir le démontrer ailleurs[1]. Plus d'un demi-siècle après la mort de Bodel, Baude Fastoul, son imitateur, ou du moins cet autre *Congé* qui porte son nom, nous fera connaître à son tour cent cinquante de ses concitoyens, l'élite de la société arrageoise contemporaine.

Les premières allusions aux rivalités locales dans le monde administratif ne remontent pas à une date moins ancienne. *Li jus de saint Nicholai* du même Bodel en offre un exemple dans cette scène de taverne artésienne prise sur le vif, où

___

1. G. Raynaud, *Les Congés de Jean Bodel* (dans la *Romania*, IX, p. 216-247).

l'on voit surgir un conflit d'attributions officielles entre le crieur
public des « eskievins de la chité » et celui des « homes de le
vile », conflit aussitôt apaisé par sentence arbitrale de l'hôte,
improvisé juge conciliateur[1].

Cependant il nous faudra descendre jusqu'au *Jeu de la
Feuillée* pour rencontrer le premier monument de notre
comédie satirique. C'est aux dépens d'Adam de la Halle que
l'auteur, quel qu'il soit, de cette brillante pochade aristopha-
nesque, y donne carrière à sa verve malicieusement humoristique. Il s'y gausse de son mariage et de sa femme, de son
père et de leurs amis, de son puy et de sa feuillée, du pape,
des prélats, des clercs, sans plus d'égards pour le caractère et
la vie privée de ses compatriotes des deux sexes, que de
respect pour les moines du prieuré de Saint-Vaast et leurs
reliques.

Qu'à la paternité déjà problématique du *Jeu* où on le joue,
Adam de la Halle dût joindre, par analogie, celle des autres
satires contre les bourgeois, c'est là une opinion qui ne pouvait
manquer de se produire. On l'a risquée en effet[2], mais trente ans
avant De Coussemaker, lequel s'est borné comme toujours, et
cette fois avec des réserves[3], à rééditer une de ces vagues
hypothèses accréditées par les biographes antérieurs, à court
de renseignements authentiques. Celle-ci semble avoir été
suggérée surtout par ce fait que, dans le manuscrit de Noailles,
les vingt-quatre pièces anonymes se trouvent transcrites à la
suite des œuvres lyriques du célèbre chansonnier.

Lorsque P. Paris les signala, non sans faire ressortir le
premier « l'intérêt qu'elles offrent pour l'histoire d'Arras au
XIIIe siècle[4] », aucune d'elles n'était encore imprimée. Neuf

---

1. Monmerqué et Michel, *Théâtre français au moyen âge*, p. 179.

2. « On accusait Adam de la Halle de les avoir composées, » suppose
gratuitement P. Paris, *Hist. litt.*, XX, p. 660 (1842).

3. « Peut-être quelques vers satiriques d'Adam auront-ils contribué à
cette situation. » — De Coussemaker, *Œuvres compl. du trouvère Adam de
la Halle*, 1872, p. 19. — Cf. *Chansons et Dits artés. du XIIIe siècle*, introd., p. 9.

4. *Hist. litt.*, XX, p. 661.

l'ont été ultérieurement, quelques-unes plusieurs fois, notamment dans les recueils de Jubinal, Dinaux, P. Meyer,
Scheler, de sorte qu'il en restait encore une quinzaine environ
à peu près inédites[1].

Imprimées ou non, les vingt-quatre pièces ont été reproduites
par les nouveaux éditeurs, dont la part contributive à l'œuvre
commune, bien que la publication soit en nom collectif, n'en
reste pas moins distincte et personnelle.

M. Alfred Jeanroy, connu par d'importants ouvrages et par
de nombreuses contributions à nos revues savantes, se trouvait
spécialement qualifié pour fournir à ce travail le concours de
sa science philologique. L'établissement du texte lui appartient
en propre. A ce texte il a joint des *Notes*[2] préliminaires sur
la phonétique, la prosodie, la transcription paléographique,
et il l'a fait suivre d'un *Glossaire*[3] où les difficultés d'interprétation sont l'objet d'études approfondies.

M. Henry Guy s'est chargé pour sa part de la critique littéraire et des commentaires historiques. L'*Introduction*[4] due à sa
plume alerte et spirituelle répartit en trois groupes l'ensemble
des pièces publiées : 1° pièces morales, 2° pièces à la fois
morales et satiriques, 3° pièces satiriques. En les passant
successivement en revue, l'auteur ne se contente pas de les
analyser et d'apprécier avec compétence leur valeur in-
trinsèque, il entreprend encore de les replacer dans leur cadre
historique et de faire revivre les circonstances politiques et
sociales qui les ont provoquées.

Tâche ardue et singulièrement délicate, que celle de re-
trouver dans un passé aussi lointain, à l'aide des cent soixante-
trois noms d'obscurs bourgeois cités dans ces pièces, les
éléments nécessaires pour les dater et pour rattacher chacune
d'elles aux événements journaliers de l'histoire locale contemporaine, elle-même si peu connue !

1. *Chansons et Dits artés.*, introd., p. 1.
2. *Ibid.*, p. 30-33.
3. *Ibid.*, p. 153-164.
4. *Ibid.*, p. 7-29.

Cette tâche, l'*Index des noms propres*[1] joint au texte montre avec quelle persévérance elle a été poursuivie. Si donc les résultats espérés n'ont pas répondu à l'étendue des recherches, ce n'est pas à l'auteur qu'on doit s'en prendre, c'est, comme il le dit lui-même, « faute de documents et de précisions[2] ».

De précisions surtout; car on a beau recueillir dans une foule de titres la trace de nos anciennes familles bourgeoises et en dresser le catalogue, c'est tourner autour du problème, ce n'est pas le résoudre. Aussi longtemps que cette statistique n'aura fourni les données essentielles au dégagement de l'inconnue, la solution cherchée continuera d'échapper. Or, il faut bien le reconnaître, les incertitudes produites par l'homonymie, la transmission héréditaire du prénom paternel, l'usage des sobriquets. et, plus que tout le reste, l'absence de dates nécrologiques, ont laissé jusqu'ici, dans la plupart des cas, la chronologie flottante et les identifications personnelles indécises.

P. Paris, dans l'*Histoire littéraire*[2], assigne à nos satires artésiennes la date approximative de 1260 ; elles rappellent en effet, en maint endroit, la minorité de Robert II et l'intervention du roi dans le gouvernement de l'Artois. D'après M. Guy, ces pièces seraient comprises entre 1248 et 1280[4]. Cette dernière limite nous semble beaucoup trop reculée. Pourquoi ne pas l'arrêter à 1270, puisque telle serait la date extrême du groupe le plus récent, celui qui concerne l'affaire de la taille? C'est du moins l'opinion de M. Jeanroy[5]. M. Guy place de même cet événement en 1269, nous renvoyant pour les justifications à

1. *Chansons et Dits artés.*, p. 106-152.
2. *Ibid.*, p. 28.
3. XX, p. 661. Cf. *Les mss. franç. de la Bibl. du Roi*, III, 235.
4. *Loc. cit.*, p. 10, 11.
5. *Études romanes* (1890), p. 85. L'argument chronologique invoqué par M. Jeanroy (note 3) pour avancer la date proposée par P. Paris, paraît avoir influencé M. Guy dans le choix de la limite extrême qu'il assigne aux Satires. La publication prochaine du *Registre de la Confrérie des Jongleurs* nous fournira l'occasion de revenir sur ce sujet.

son *Étude sur Adan de le Hale.* Comme ce travail encore inédit paraît être le point de départ et l'objet principal des recherches de l'auteur sur notre bourgeoisie, il convient d'en attendre la publication pour discuter, dans leur ensemble, ses conclusions chronologiques [1].

On peut, en revanche, contester dès maintenant l'exactitude historique de certains éclaircissements donnés dans l'*Introduction*, sur l'administration financière d'Arras au XIIIe siècle.

Le tonlieu, par exemple, qu'on y suppose appartenir à la bourgeoisie [2], fut de tout temps la propriété de l'abbaye de Saint-Vaast. Les moines le tenaient de Thierry III, leur fondateur, et le possédèrent jusqu'à la Révolution, du moins en partie, car, dès 1239, ils en avaient abandonné la moitié au comte d'Artois, tout en se réservant la justice [3]. Quelques années après ce partage, les bourgeois parvinrent, de leur côté, à s'affranchir de cet impôt aussi vexatoire que litigieux, moyennant un abonnement annuel de huit cents livres parisis [4].

Loin donc d'avoir jamais été une ressource pour la commune, le tonlieu devint de bonne heure une des charges de son budget, si bien que l'on voyait encore, à la fin du XIVe siècle, la première des quatre tailles de l'exercice échevinal spécialement affectée au payement de l'exonération [5].

---

1. Entre la rédaction de cet article et son impression, l'ouvrage de M. Guy a paru sous ce titre : *Essai sur la vie et les œuvres littéraires du trouvère Adan de le Hale.* Paris, Hachette, 1898. Nous consacrerons un autre article à cette importante publication.

2. *Loc. cit.,* introd., p. 24.

3. Voir notre *Inventaire chronol. des Chartes de la ville d'Arras.* Doc. XVI, p. 18. Ce travail inachevé, mis sous presse en 1860, dut être suspendu pour des raisons connues, qu'il est inutile de rappeler ici. Les feuilles *Documents,* seules imprimées (in-4°, 520 p., s. l. n. d.), ont été distribuées en brochure sans titre, ni tables, ni errata.

4. *Ibid.,* doc. XX et XXI, p. 25 et 26.

5. Arch. comm. d'Arras, Cart. PP, n° 102, p. 205. Arrêt du parlement contre Mre Guerard Wambourt, bailli de Béthune, 15 juin 1398 : « Proponebat ulterius quod predicti major et scabini, anno predicto, quatuor tallias super dicta villa imposuerant, unam videlicet ratione thelonei religiosis de sancto Vedasto debiti..... »

Serait-ce du chef de sa créance, pour effectuer le recouvrement d'arrérages accumulés, qu'on voit « l'abbé » mêlé aux incidents dont les satires ont seules conservé la mémoire ? Ou bien l'abbé anonyme dont elles font mention, qu'il soit d'Arras ou d'ailleurs, intervient-il dans l'affaire au nom du roi, soit comme juge enquêteur, soit comme receveur général chargé de concentrer les diverses recettes d'une aide extraordinaire ? Bien hardi qui oserait se prononcer, les indications sont si vagues et le champ des hypothèses si illimité ! Toujours est-il qu'on n'imagine guère un abbé de Saint-Vaast présidant à la répartition de la taille bourgeoise d'Arras et vérifiant les comptes des échevins[1]. Ce serait là un fait unique dans l'histoire de cette ville, et l'antagonisme invétéré des deux juridictions le rend au moins invraisemblable.

Mais ce qu'il est, en tout cas, impossible d'admettre, c'est qu'une telle opération ait pu être soumise au contrôle de la *Vintaine*[2]. Jamais ce tribunal technique de police industrielle ne fut investi d'attributions pareilles. Sa compétence fiscale se bornait à percevoir les amendes qu'il imposait aux infracteurs des bans et ordonnances sur la draperie[3]. Le rôle qu'on lui prête ici ne peut que résulter d'une confusion entre la *Vintaine*, office préposé dès le XIIIe siècle aux métiers de la laine, et la commission des *Vingt-Quatre*, celle-ci chargée effectivement du contrôle financier, mais seulement au XIVe siècle, sans que rien justifie l'existence d'un pareil organe administratif avant 1300[4].

Quant à la taille bourgeoise, elle remonte vraisemblablement aux origines mêmes de la guilde ; l'une suppose l'autre. Adaptée dès l'an 1200 par Philippe-Auguste à la récente institution communale de Bapaume[5], elle n'apparaît que plus tard dans les titres d'Arras, en 1213, à propos des droits du maire

1. *Chansons et Dits artés.*, introd., p. 25, et index, p. 106, au mot *Abbé*.
2. *Ibid.*, introd., p. 25.
3. Voir notre *Introd. au Livre rouge de la Vintaine d'Arras*, dans le *Bulletin hist. et philol. du Comité des trav. hist.*, 1898.
4. Voir notre *Inv. chronol.*, doc. LII, p. 48.
5. *Ibid.*, doc. VII, p. 7.

héréditaire¹, — l'ancien *major de guilda mercatorum*², — droits
formellement réservés dans la grande charte royale de 1194³.
A partir de là, les lacunes de la comptabilité échevinale ne
nous permettent d'en relever la trace que de loin en loin
jusqu'au temps de Jean sans Peur, alors que, de plus en
plus discréditée, elle ne tarda guère à tomber en désuétude⁴.

On connaît le mode de perception de cet impôt proportion-
nel sur le revenu capitalisé. L'assiette avait pour base le
« brevet », c'est-à-dire un bulletin déclaratif, où le contribuable
était tenu d'inscrire l'évaluation détaillée de son avoir, quel
qu'il fût et où qu'il fût, en immeubles, meubles, rentes via-
gères et perpétuelles⁵. Le ban convoquait les paroisses, iso-

1. *Inv. chronol.*, doc., xi, p. 15.
2. Voir notre *Sigillographie de la ville d'Arras*, introd., p. 13.
3. *Inv. chronol.*, doc. iv, p. 6.
4. Une assemblée de bourgeoisie fut consultée en 1395, pour savoir si la
taille de cet échevinage serait assise d'office par les échevins et vingt-quatre,
ou, comme auparavant, au moyen des brevets, attendu que « la voie desdis
briefvés ne plaisoit mie au conseil de Mons. de Bourgogne pour plusieurs
causes ». L'ancien système fut maintenu, et nous le voyons encore appliqué en 1397, 1398, 1404, 1405. Arch. comm. *Reg. mém.*, iii, f° 92 r°, 192 r°,
210 r°. Chartes orig. Arrêt du parlement et quittances de mai à nov. 1398.
Reg. aux bans et édits, t. II (1403, 1405). Bibl. comm., ms. 860, feuilles
de garde : Compte de 1403-1404 « achats de sacs de toile pour mettre les
briefvés apportés en la halle ». En 1411, l'assemblée de bourgeoisie décide
que la taille nécessaire à l'acquit et l'échevinage sera assise « par les gens
» et officiers de Mons. le duc estans à Arras, le maieur et mes dis seigneurs
» les eschevins, appelé avoec eulz des bonnes gens de la ville, de chascune
» parroische trois ou quatre hommes ayans en ce congnoissance, et le con-
» nestable de le connestablie que on vaulra asseir et imposer ». *Ibid., Reg.
mém.*, v, f° 20 r° (côté A).
5. Un seul de ces brevets nous est parvénu, celui de Jean Esturion, daté
de mars 1298, v. st., dont nous donnons ici la transcription :
« C'est li escris du vaillant Jehan Esturion, en l'an de l'incarnation
nostre signeur mil. cciii^{xx} et xviii, el mois de march :
J'ai me maison u je mainc ki est de men franc fief, ki ne me rent nient,
et si en doi serviche à men signeur ii ° ℔. tournois. Item, ai jou en me
maison de harnas pour le pourveanche de men ostel et en kevaus et en
vakes et en blé ki vaut l. ℔. Item, ai jou xvi mc. de tere ke je tieng en fief
à vii s. et demi, si me rendent c f. iiii mains. Item, ai jou xxviii mc. de
terre rentavle, si doivent disme et teraige et demi mc. de grain, moitié blé

lément et dans un ordre invariable. A cet appel, chaque bourgeois devait aller faire sa déclaration sous serment, dans
l'origine à l'hôtel du maire, plus tard en halle échevinale. Le
brevet était alors enregistré par le clerc, puis vérifié par les
échevins en présence du bailli et des notables. Le recensement
général terminé, on taxait chacun au marc la livre, d'après le
rapport de la somme à percevoir avec le montant des déclarations. En cas de besoin, l'échevinage taillait de nouveau les
mêmes brevets.

Les forains non plus n'échappaient pas à l'impôt ; ils étaient
taxés d'office par les répartiteurs, au prorata de leur avoir
dans l'étendue du ressort.

Croissant et multipliant sans cesse en raison des aides, des
subsides de guerre et des emprunts forcés, ces taxes devinrent
bientôt écrasantes. Dans l'intervalle de quatre échevinages successifs (1282-1287), on les voit absorber jusqu'à cinquante-six
pour cent du capital taillable[1]. Aussi n'est-il pas étonnant
qu'on mît tout en œuvre pour tâcher de s'y soustraire, les uns
dissimulant l'importance de leur avoir, les autres, comme dit
la chanson, se faisant « faire couronne, — sans orpin[2] », c'est-
à-dire tonsurer, pour jouir de l'immunité des clercs ; d'autres
enfin renonçant à la bourgeoisie d'Arras, pour aller vivre « en
estrange païs[3] ».

moitié avaine, cascune mencaudée ; si prisé le mencaud IIII f. l'an : somme
c et XII s. Item, ai jou II mc. et demie de teraige ke je ne sai k'il me rent.
Item, ai jou a Miaullens L. s. de rente. Item, ai jou VI maisonceles et mes lices
à Arras ki me valent c. saus l'an et rentes paies. Somme de rentes, de terre,
de terraige XVIII ℔. II s. mains. Si prisé k'eles valent à vendaige XIIIˣˣ ℔.
et X. Et L. ℔. pour le pourveanche de men ostel.

Somme de toutes ches choses de seure dites onze vins ℔ et de ce doi je
XL. lib. en menues pieces. Somme ke j'ai de remanant XXII ℔. »

Une languette enlevée portait sans doute le sceau.

(Arch. dép. du Pas-de-Calais, A, 44, 27.)

1. Arch. dép. du Pas de Calais. *Trés. d'Artois :* Rouleau. Enquête s. d.
(1287 ?).

2. *Chansons et Dits artés.*, XIII, 44 (p. 61). Sur ce vers, dont le sens a
échappé à M. Jeanroy, voir plus loin notre commentaire.

3. *Ibid.*, XXIV, 235 (p. 103).

C'est à l'exode volontaire de ceux-ci, maintes fois rappelé dans les titres du temps[1], et non à d'hypothétiques sentences de bannissement dont ils n'offrent aucune trace, que s'appliquent, selon nous, les allusions des poètes « à ceus ki d'Arras sont eskiu[2] ». L'exil judiciaire des bourgeois compromis à propos de la taille[3] nous paraît une légende, y compris et surtout celui d'Adam de la Halle.

Qu'à chaque crise nouvelle, financière et politique, on ait vu se reproduire ces courants d'émigration, cela se comprend; les passions étaient si vives et Douai était si près! Plus près encore la porte de Cité, dont il suffisait de franchir les ponts pour devenir bourgeois de l'évêque, à moins qu'on ne préférât « aborgésir » le roi devant son prévôt de Beauquesne. Car on avait le choix, ce qui rendait l'expatriation facile, d'abord pour les clercs qui ne risquaient rien, ensuite pour la haute bourgeoisie qui, possédant au dehors maisons, terres et comptoirs, pouvait rompre quand même le pacte social en payant le dédit. Mais pour la masse industrielle et commerçante, ce dédit, c'était la ruine. On sait ce qu'il en coûtait pour l' « escassement » : primo la moitié des meubles, item le quart des immeubles, plus une quote-part proportionnelle dans la dette flottante ! Tout compte fait, mieux valait encore payer la taille; et l'on payait en maugréant, quitte à se venger des «tailleurs » par des chansons.

Naturellement, c'était à qui payerait le moins. Plus la charge devenait lourde, plus s'allégeait le brevet et moins le serment pesait sur les consciences. Mais le cas était prévu; il existait de longue date, contre la fausse déclaration, une garantie moins «naïve[4] » que le serment et tout autrement efficace : c'était la confiscation au profit de la commune de l'avoir dissimulé. Supposé

1. Voir les enquêtes contre les baillis et certains bourgeois, de 1282 à 1306.

2. « Droit à Douai et convient traire ‖ A ceus ki d'Arras sont eskiu. » Congé de Fastoul, v. 470, dans Barbazan et Méon. *Fabliaux*, I, p. 127.

3. *Loc. cit.*, introd., p. 25.

4. *Ibid.*, p. 25.

que la fraude échappât temporairement aux vérifications officielles, elle devait un jour se révéler fatalement, grâce à l'inévitable formalité des scellés et de l'inventaire après décès. Le brevet parjuré tombait alors sous le coup de la loi, et l'héritage restait saisi jusqu'à complète satisfaction.

C'est pour assurer la répression de ces fraudes, en associant le bailli à l'application et au recouvrement des amendes, que l'échevinage, sans doute taxé par lui de négligence ou même de malversation, dut transiger avec le comte, accepter son assistance et l'admettre au partage de moitié dans les bénéfices. A ce marché justement impopulaire, se rapporte le douzain CLIX des *Vers de la Mort :*

> Par eskievins de deus et d'as
> Fu fais à Paris li baras
> Que li cuens ara le moitie
> Es borgois parjurés d'Arras.
> Bien les ont mis du trot au pas
> Gens siunable avec gent haitie,
> Gens qui Wailli ont acensie ;
> Tant ont fait par lor trekerie
> Bien puet dire li cuens sans gas :
> « Or a Gombers orde maisnie. »
> Quant il les prist, ne cuida mie
> Faire eskievins de tel haras [1].

Le libellé de ce « barat » ne nous est pas parvenu, mais la mention du « statut » ainsi qualifié se trouve dans une charte originale donnée « à Paris », par laquelle Robert II confirme l'accord intervenu entre lui et les échevins sur la perception de la taille et le recouvrement des amendes ; cette charte est datée du 12 mars 1269 n. st. [2]. Ce simple rapprochement suffit à

_____

1. Bibl. *Nat.*, ms. fr., 375.

2. Voir notre *Inv. chronol.*, doc. xxxv, p. 35 : « Concedimus etiam eisdem (scabinis) ut statutum quod de nostro eorumque perpetuo assensu factum fuit de tailliis per juramentum perpetuo apud Attrebatum faciendis et de emendis levandis ab hiis qui de suis facultatibus veritatem non dicerent, firmum et stabile a modo permaneat et sine contradictione aliqua teneatur. »

trancher la question controversée de la date des *Vers de la Mort*, et les rattache à la prédication de la croisade de Tunis, — si tant est du moins que ce long poème soit d'une seule venue, et que l'auteur de la strophe ci-dessus n'ait pas rajeuni, en y ajoutant des développements nouveaux, un vieux thème déjà mis en œuvre pour la précédente croisade ; c'est là un point à éclaircir par la comparaison des textes et des manuscrits.

Dans ces violentes invectives contre les échevins, les marchands, les usuriers d'Arras, Robert *le Clerc*, comme les auteurs anonymes des satires artésiennes, ses confrères en clergie, se fait l'écho des rancunes de sa caste au sujet de la taille communale que ceux-ci refusaient obstinément de payer. De tout temps les bourgeois voulurent les y contraindre, prétendant, non sans raison, que qui profite des bénéfices doit participer aux charges sociales. Les clercs, retranchés derrière l'immunité, opposaient la possession d'état. La querelle fut alternativement portée devant la curie romaine et devant le parlement[1], sans que la résistance de l'Église se laissât vaincre. Ce n'est pas cependant que son intransigeance fût absolue ; outre les « bigames », canoniquement disqualifiés[2], elle rejetait encore ceux qui exerçaient des professions réputées viles ou infamantes, les usuriers publics ou banquiers, les taverniers. Mais ses concessions s'arrêtaient là ; tous les autres clercs, suppôts d'églises, hommes de loi, de plume, de trafic et de négoce, mariés ou concubinaires, continuèrent à jouir de l'exemption d'impôts, au scandale et au préjudice de la bourgeoisie. L'unique résultat de cette campagne, c'est que le privilège fut limité en principe aux seuls tonsurés, portant la robe et vivant « clergiaument ». Or, on sait combien élastique était avant le xvie siècle l'interprétation de cette dernière clause.

1. *Inv. chronol.*, doc. XLV, XLVI, XLVII, p. 43-44.

2. *Ibid.*, doc. XXX, p. 31. Cette bulle d'Innocent IV (11 mars 1254), que nous avons imprimée ici, porte au dos, en écriture du temps : « C'est des bigames. » Les Archives communales possèdent sur le même sujet une bulle originale d'Alexandre IV (Latran, 21 mars 1256), celle-ci inédite, provenant des réintégrations posthumes de 1885.

L'histoire intérieure d'Arras au moyen âge est tout entière dans la lutte engagée dès l'origine entre les trois pouvoirs rivaux qui s'en partageaient le territoire: les clercs, les moines et les bourgeois, autrement dit, l'évêque et le chapitre, l'abbé, l'échevinage.

Comprise dans l'enceinte de murailles, aujourd'hui démolies, qui entouraient, d'une part, la Cité avec la cathédrale, de l'autre, la Ville avec l'abbaye, cette lutte en champ clos présente, ainsi circonscrite, une vue d'ensemble exceptionnellement favorable à l'observation, du moment que l'on connaît la configuration du terrain et les positions respectives des adversaires. Car c'est là une condition essentielle ; les manœuvres stratégiques risqueraient d'être incomprises, si, par exemple, sur la foi de l'*Index*, on faisait de l'abbaye une dépendance de la Cité, et, de la Cité elle-même, « le centre de la ville par opposition aux faubourgs[1] », — erreurs topographiques, d'ailleurs bien pardonnables à un visiteur étranger, accidentellement égaré dans nos ruines.

Mais c'est insister trop longuement sur des considérations préliminaires. Il est temps d'arriver aux textes qui font l'objet de la publication. En les examinant dans l'ordre de leur impression, qui est celui du manuscrit, nous allons noter, au courant de la plume, les observations que cette lecture nous suggèrera.

II

Un mot d'abord du système suivi dans l'interprétation orthographique des signes latins appliqués à l'abréviation des mots français. M. Jeanroy observe judicieusement qu'ils doivent être rendus suivant la graphie adoptée par le ms. lui-même pour les mots non abrégés : ainsi *ml't* (multum) = *mout*, le signe 9 = *com* ou *con*, selon les cas; à quoi je proposerais d'ajouter *cou*, puisque le ms. porte çà et là *coumen-*

---

1. *Chansons et Dits artés.*, p, 118, au mot **Cité**.

cement, coumença, coument, counois, counus, couvenra, couvint.

« Quand *que* et *qui*, » poursuit l'auteur, « sont écrits par un *q,* ou un *q* surmonté d'un *i,* je rétablis l'*u.* » — Parfaitement ; mais pourquoi ne pas rétablir également cet *u* partout où l'abréviation se présente dans des conditions identiques, par exemple dans *qiet,* XII, 46, *leqieres,* XV, 15, *marqiet* rimant avec *masquiet,* XV, 35, *qeüs,* XV, 65 ? On ne s'explique pas bien la raison de cette différence.

Plus inexplicable encore nous paraît la règle qui suit : « C'est la même abréviation (un *p* surmonté d'un *a* ou *o* indistincts) qui représente *par* et *por;* je l'ai résolue suivant les exigences de la grammaire. » — Il y a là, si je ne me trompe, une double hérésie paléographique. L'abréviation du mot français *por* ou *pour* est un *p* surmonté du signe latin *ur.* Or, ce signe n'est ni un *a* ni un *o;* si c'était un *o,* on lirait *pro* et non *por;* si un *a, pra* et non *par.* De plus, l'abréviation constante des syllabes *per* et *par* est un *p* à queue barrée et n'a jamais pu se confondre avec celle de *por.* On est donc autorisé à rétablir, d'après le ms., « *por* paor de la guerre », au lieu de la leçon imprimée « *par* paor », XIX, 8.

Pièce I, p. 33. — Cette « vadurie » bouffonne met en scène une dizaine de gais compagnons de l'école d'Arras, auteurs et chanteurs de motets et couplets en vogue, qu'elle suppose appelés auprès du bon Dieu malade et ennuyé, descendu pour se refaire à l'hôtel du « prince », — ce titre générique désignait, dans la région du Nord, le chef d'une compagnie joyeuse, littéraire, théâtrale ou carnavalesque, voire celui d'une société purement industrielle, depuis le « prince du puy » jusqu'au « prince du vin[1] ».

« Pouchins li ainsnés » est bien « Jakemon l'aisné frère » du *Congé* d'Adam, le « Jakés » de la pièce suivante, II 41, et non,

1. Il était élu chaque année par les négociants en vins et taverniers. — Arch. comm. d'Arras, *Embrev.,* I, fᵒ 19 ᵛᵒ. *Reg. mém.,* III, fᵒ 3 vᵒ, 189 vᵒ.

comme on l'a dit, « Pakés » le puîné[1]. Nous le retrouvons, en mai 1273, au nombre des « testamenteurs » chargés par l'usurier Nicolas Godin de certaines restitutions posthumes[2]. — Phelipos Verdière, cité par Fastoul et Colart le Boutellier, et qu'on ne peut conséquemment identifier avec le bourgeois de ce nom mort en 1253, ne serait-il pas cet autre Philippe Verdière, clerc, déjà pourvu d'une prébende vers 1270[3], et qu'on voit assister comme chanoine diacre, avec son confrère Ferri, à la prestation de serment du nouvel évêque, en 1282[4]? — Robert de le Pierre n'est pas connu que par ses chansons ; une liste échevinale de 1255 l'enregistre, ou du moins son nom, avec ceux de Jacques Louchart et de Thibaut Reviaus[5], celui-ci proche parent, sans doute, du « grant maistre Wike (Reviaus)», cité de nouveau plus loin, XVIII, 206. — Rousseau le Tailleur, également échevin, paraît pour la dernière fois sur la liste de 1286[6] ; il mourut l'année suivante. — Baude Bechons figure en cette même qualité sur celle de 1265[7]. A noter maître Baudes Bechons et maître Baudes le Normand, mentionnés en 1298 comme hommes de fief du châtelain de Bapaume[8]: ces deux familles étroitement alliées, semblent n'en faire qu'une. — « Celui de Beugin trestout porkié » par Bretel[9], pourrait être Jacques de Beugin, inscrit aux obituaires en mars (1268)[10]. Il

---

1. L. Passy, *Éc. des Chartes*, 4° série, t. V, p. 311.

2. Arch. du P.-de-C., *Saint-Vaast*, chirogr. orig. — « Pakés » est un prénom hypocoristique.

3. Bibl. d'Arras, ms. 424, *Obituaire*, VII kal. aprilis.

4. Bibl. Nat., ms. 9930, feuille de garde.

5. Arch. du Nord, premier Cart. d'Artois, n° 98.

6. Arch. du P.-de-C., Rouleaux d'enquête contre le bailli Milon de Nangis. *Très. des ch. d'Artois*, vers 1288.

7. Bibl. d'Arras, ms. 316, p. 261.

8. Arch. du Nord. Ch. des C. Reg. des fiefs d'Artois.

9. Contrairement à l'interprétation de P. Paris (*Hist. litt.*, XXIII, 580), suivie par M. Guy (*Index*, p. 115, l. 8), je ne fais pas rapporter *celui* au mot *braie;* je comprends « l'*homme* de Beugin », comme ailleurs *cil* de Givenci, III, 109; *cil* de l'Estrée, XIII, 23; *cil* de Blangi, XVI, 113.

10. Rapprocher l'inscription à l'obituaire de N.-D. (Bibl. d'Arras, ms. 290, II kal. april.) de l'inscription au *Registre* des jongleurs 1267[2].

possédait des immeubles rue As-Testes[1] et au Jardin-Saint-Vaast[2]. — Quant au « vieil Fromont » (lis. *viel*), je ne lui vois d'identification possible, mais sans rien garantir, qu'avec son homonyme, l'ancien chapelain de l'évêque Raoul[3]. — L'excellent chansonnier, Gillebert de Berneville n'a laissé aucune trace dans nos archives. Nous y trouvons, au contraire, une vingtaine d'actes originaux[4] qui nous renseignent sur Jean Bretel, le plus célèbre des princes du puy d'Arras. Sa famille possédait d'ancienneté une des sergenteries héréditaires de l'abbaye de Saint-Vaast. Occupée au commencement du siècle par Jacques Bretel, cette sergenterie échut en 1230 à Jean Bretel dit le Bon, son fils, qui la délaissa en 1244. Ses héritiers, Jean, notre chansonnier, et son frère Robert paraissent avoir d'abord desservi l'office conjointement ou alternativement. A partir de 1257, le nom de Jean Bretel figure seul dans les actes, jusqu'à sa mort en 1272.

Les dates mortuaires, qui précèdent et qui vont suivre, son celles des inscriptions au *Registre de la Confrérie des Jongleurs et des Bourgeois d'Arras*, document dont le caractère nécrologique, jusqu'ici méconnu, résulte pour nous de constatations et de vérifications assez nombreuses pour ne laisser place à aucune incertitude[5].

Pièce II, p. 34. — Cette chanson, la première des satires relatives à la perception de la taille, flagelle, dans la personne

1. Aujourd'hui rue de la Charité.
2. B. N., ms. lat. 10972. *Hostagia*, f°s 19, 27. Le « Jardin » comprenait les basses rues à partir de celle des Augustines.
3. Bibl. d'Arras, ms. 290, *Obit.*, II non. maii.
4. Ils font partie d'une série de chirographes, dont M. Guy semble n'avoir connu que la transcription dans un cahier du xvie ou du xviie siècle. Cette transcription est fort inexacte au point de vue philologique, comme on en peut juger par les extraits qu'en donne l'*Index;* le copiste en a rajeuni le style.
5. Une communication sera faite incessamment à l'Académie des Inscriptions sur l'interprétation chronologique de ce manuscrit, que nous sommes sur le point de publier.

des répartiteurs, les représentants des dynasties bourgeoises
où se recrutait l'échevinage : les Frékinois, les Poucinois, les
Cossetens et autres[1].

M. Guy s'étonne de ne pas voir au pilori l'importante
famille des Louchart; il en cherche la cause dans la « terreur
qu'ils inspiraient[2] ». Mais les Crespin, les Poucin, les Cosset,
les Nazart étaient-ils donc moins redoutables? En réalité,
cette lacune supposée n'est qu'apparente; les noms de Garet
(v. 27) et d'Audefroi[3] (v. 57) suffisent à la combler : le premier
était le sobriquet de Jacques Louchart[4] et le second désigne
Audefroi Louchart, tous deux repris dans les listes échevinales de 1253[5] et 1255[6] et fréquemment cités comme créan-
ciers des villes voisines et du comte de Flandre. La satire ne
les a donc pas épargnés plus que les autres.

Robert Maraduit appartenait à une famille non moins importante; elle compte douze membres au *Registre* entre 1195 et
1272, et huit inscriptions aux premiers obituaires de l'église
N.-D. d'Arras. Robert Maraduit était, par sa sœur Marie, le
beau-frère de Nicolas [le Noir], maire d'Arras, mort en 1250[7].
On le voit, en 1247, déposer dans une enquête administrative
prescrite par saint Louis sur l'administration de ses baillis en
Artois[8]. Il siégait à l'échevinage en 1242 et 1253 et mourut

1. Ces gentilices sont nombreux : Piéd'argen*tois*, Crespin*ois*, Bertoul*ois*,
Fastoul*ois*, Cosse*tois*, Wagon*ois*, Wion*ois*, Courcel*ois*, Monchi*ois*, etc.;
plus rares ceux en *ens* : Veel*ens*, Hancard*ent*, Cosse*tens*.

2. *Index*, p. 134, au mot **Loucars.**

3. *Ibid.*, p. 110, au mot **Audefroi**, M. Guy suppose à tort que j'ai
identifié le « *seigneur* Audefroi », échevin en 1213, avec le « *seigneur*
Audefroi » du *Congé* de Fastoul; la note relevée porte sur la qualification
de « seigneur » commune aux deux personnages, et rien de plus.

4. Marie Loucharde, veuve de Robert Crespin d'Arras, fille de Jaquemin
Louchart, alias *Garet.* — 1ᵉʳ février 1323. — Boutaric, *Arrêts du Parlement*, n° 7051. — B. N., Lat., 17737, f° 110 v°, ann. 1289.

5. Bibl. d'Arras, ms. de Cl. Doresmieux, I, p. 407.

6. Arch. du Nord, premier Cartul. d'Artois, n° 98.

7. Bibl. d'Arras, ms. 316, pp. 245, 285, 286.

8. *Rec. des Histor.*, t. XXIV, enquête publiée par M. Léopold Delisle
(Arch. Nat., J, 1025).

en 1262, environ deux ans avant son collègue Henri Nazart.

Celui-ci, échevin en 1257, fut, l'année même de cette magistrature, l'objet de poursuites qui soulevèrent un grave conflit juridictionnel. De ce conflit nous reste un procès-verbal authentique, dont le commentaire dans l'*Index*[1] provoque certaines observations. Ce n'est pas le comte d'Artois qui prétendait intervenir en personne au jugement des échevins, mais bien le comte de Saint-Pol, alors « seigneur de la terre », comme on le qualifiait depuis son mariage avec la comtesse douairière d'Artois, veuve de Robert Ier. L'acte incriminé consistait sans doute en un grave manquement professionnel, quelque forfaiture entraînant peine d'amende ou confiscation au profit du seigneur: une simple affaire civile de captation testamentaire expliquerait mal, ce me semble, pareille intervention. En tout cas, M. Guy se trompe certainement lorsqu'il identifie ce Henri Nazart, échevin en 1257, mort en 1264, avec son homonyme, le souscripteur à l'emprunt communal de 1298; celui-ci appartient évidemment à la génération suivante[1].

Sur Willaume as Paus, le dernier de la nomenclature, l'*Index* n'a trouvé d'autre renseignement que son inscription au *Registre*. Nous pouvons ajouter que ce personnage appartient, comme les autres, à une famille échevinale : on le voit en fonctions dans un acte original de janvier 1267, n. st.[2], et ce fut sa dernière magistrature, car l'inscription relevée, Pentecôte 1269, est la date de sa mort.

En dehors de ces notes biographiques, le texte donne lieu à quelques remarques :

> V. 12.   Loiauté n'a point mise
> En son cuer, mais grant fausseté ;

Le *Glossaire* traduit « avoir mise » par *avoir place*.

---

1. *Index*, au mot **Nazart**, pp. 138, 139.

2. Arch. de l'Hôpital Saint-Jean-en-Lestrée d'Arras, *Saint-Jacques*. Chirogr. orig.

« Loiauté » serait donc le sujet ; or, il a la forme du cas
régime, ainsi que « fausseté ». Le véritable sujet est « Li hom »
(v. 8), et le sens, « n'a pas mis loyauté en son cuer mais grant
fausseté ».

V. 29.   Et *c'est* cose grevaine ;
Dis mile livres de tornois
Cousta ceste vintaine,

La leçon du ms. « Et *s'est* » est la bonne, comme plus haut,
v. 2. (cf. XIX, 9, 17). A la ligne suivante, le ms. porte « xx mile
livres » et non x'. Quant au mot « vintaine », il s'entend ici,
non de l'office de la draperie mentionné ailleurs, XII, 94, ni
des « vingt contrôleurs de la taille[1] », puisqu'il n'existait alors
rien de semblable, mais bien de la taille elle-même, c'est-à-
dire d'une taxe au vingtième denier ou demi-dîme : *costuma
quæ vintena vocatur*[2].

Sur le vers 62 du ms., « ..... il *fist* le taille à point, »
M. Jeanroy observe en note que « *seoir la taille* est une expression technique, qui doit être rétablie » ; conséquemment, il
corrige ainsi le texte : « ..... il *sist* le taille à point. » A notre
connaissance, il n'existe aucun exemple de *seoir* ou *seïr* la
taille[3]. Nous pensons donc que la leçon du ms. doit être main-
tenue. L'expression se trouve d'ailleurs confirmée plus bas,
v. 68 : « Taille couvint *refaire*. »

Pièce III, p. 36. — Le rhythme a beau différer, sous la
ritournelle bizarre des nouveaux couplets, c'est toujours même
chanson : la déchéance d'Arras en proie aux rivalités intestines
de la bourgeoisie, victime depuis trente ans de la trahison, de
la fraude, de la perfidie de ses défenseurs naturels, qui l'ex-
ploitent et la ruinent.

---

1. *Glossaire*, p. 162.

2. *Inv. des Chartes de la ville d'Arras, Documents*, p. 36. Charte
orig. de février 1270, n. st.

3. On disait « asseoir la taille » et « asseoir quelqu'un à la taille ». —
Voir VIII, 33.

Les allusions personnelles de cette satire sont des plus obscures, à commencer par « Frekins as sorçus[1] » jusqu'à certain contumace de la sixième strophe dont rien jusqu'ici n'a trahi l'anonyme. Quant à Hardrés et Aloris du couplet suivant, ils ne symbolisent pas « le menu peuple », comme le croit l'*Index*[2], mais bien les traîtres qui le retiennent en servage. La race de Ganelon a-t-elle jamais pu symboliser autre chose[3]? C'est contre cette engeance que le poète invoque toutes les rigueurs de la vindicte royale (str. 8).

Guion de Saint-Pol n'est pas non plus, comme l'*Index* le suppose, « un magistrat qui avait poursuivi quelques-uns des bourgeois coupables de fausse déclaration de biens[4] », mais tout simplement Gui, comte de Saint-Pol, le nouvel époux de la douairière d'Artois, auquel saint Louis racheta la jouissance de cette terre moyennant 24,500 livres, en septembre 1265[5]. Cet apport de mariage, ou le remboursement de la dot *in sicca pecunia*, voilà sans doute la pêche merveilleuse chansonnée dans le couplet.

Moins claire est la prouesse qui lui sert de pendant : « cil de Givenci » capturant « une verdière ». Le chasseur et l'oiseau sont tous deux très énigmatiques, et le sens historique de l'allégorie nous échappe pour le moment.

Ajouter à l'errata, v. 59, « Jes » — *J'es;* v. 116, « ni » — *n'i;* v. 89, « seront longement » — *ierent longement.*

Pièce IV, p. 40. — Il n'y aurait pas lieu de s'arrêter à la thèse rebattue de cette composition sur l'incompatibilité de l'amour et de la vieillesse, non plus qu'à ses réflexions banales

1. Un Jean Crespin avait pour surnom, « au caucaig », *Registre* 1307[3]. Plus tard, on retrouve Baudet Crespin, jeune, dit « au carquois ». Boutaric, *Arr. du Parlem.*, juin 1317.
2. *Index*, p. 107 et 131, aux mots **Alori** et **Hardrés**.
3. « Et si est Ganelon et dans Hardrés es niés, » *Gui de Bourgogne*, v. 1086. Voir *ibid.*, sur Hardrés et Aloris, v. 1063, 1086, 1149, 3809, 3841. Cf. *Hist. litt.*, XXII, p. 962.
4. *Index*, p. 142, au mot **Pol**.
5. Le Nain de Tillemont, *Vie de saint Louis*, t. IV, p. 383.

sur la fragilité de la vie, n'était que la pièce offre cette particularité assez rare de porter une date certaine. M. Guy l'a fixée à 1268[1]; elle est de dix ans antérieure : la preuve en est dans les noms d'Adan de Wailli, Mathieu Wion et Adan Esturion, dont le poète rappelle ici la mort récente ; tous les trois, en effet, sont inscrits au *Registre* nécrologique de la confrérie des jongleurs, entre la Pentecôte 1257 et la Purification 1258[2].

Noter qu'au vers 88, au lieu de « Que tous li monde est fable», le ms. porte la leçon correcte : « Que *tous li mons.* » — V. 40, au lieu de « vieille », lire « *vielle* ».

Pièce V, p. 42. — Le petit tableau de genre des *Miracles de saint Tortu*, patron des ivrognes, est signé Jean Auris. L'auteur était d'Arras, et c'est à Arras que se passe la scène de taverne dont un des héros trouvait la Grande-Place encore trop étroite pour ses zigzags:

> v. 43.   Uns autres porte lokerele [3],
>   Si fait du Grant Markié ruele.

La famille Auri ou Aurri compte vingt-sept membres inscrits au *Registre* nécrologique des jongleurs entre 1231 et 1344, dans le nombre, deux du prénom Jean, morts, l'un en 1267, l'autre en 1316[4]. Le premier seul peut prétendre à la paternité du poème, comme contemporain de Jean de Hendecourt dont le tavernier redoutait si fort la procédure expéditive[5]; ce

---

1. *Index*, au mot **Wion**, p. 152, l. 17.

2. Entre autres dates mortuaires tirées du *Registre*, la *Sigillographie d'Arras* (1865), p. xvi, xvii, avait déjà donné celle d'Adam Esturion, le premier propriétaire connu du manoir historique de Bellemote, dont nous avons reproduit le sceau.

3. Le *Glossaire* donne de ce mot obscur une explication qui ne semble pas définitive : « Avoir son plumet, son pompon. » On le trouve employé comme nom propre, Arch. comm. *Embreo.*, 4 nov. 1427.

4. Sur les Aurri, voir Bibl. d'Arras, ms. 316, p. 216, p. 262. Arch. du Nord, *Recette d'Artois*, Touss. 1306. Arch. du P.-de-C., *Comptes de l'hôtel de la comtesse d'Artois,* ann. 1309 et 1310. *Ibid., Chapitre N.-D.* Acte orig. 30 avril 1316.

5. Vers 100-101.

justicier fut, en effet, sous-bailli d'Arras en 1244[1], au temps du bailli Simon de Villers[2]. C'est donc aux alentours de cette date qu'on doit en reporter la composition.

L'œuvre de Jean Auri a rencontré dans Arthur Dinaux[3] un vulgarisateur éclairé, écrivain d'esprit et de goût, mais assez pauvre philologue. On ne peut que rapporter à sa copie les fautes de lecture que M. Jeanroy a laissées passer dans la nouvelle édition. Elles sont graves. Raillant les velléités galantes de l'ivrogne, suivies d'entreprises inefficaces, le poète avait dit :

> v. 50   Et n'est li feme a grant meskief
>   Quant a *ivre* home fait soulas.

On a imprimé ce contresens :

>   Quant a *june* home fait soulas.

Ailleurs on lit :

> v. 84   Uns autres *jurés* jete el fu
>   De vin plain une hanepée.
> v. 86   Li tiers *jurés* sake s'espée.
> v. 95   Dist uns *jurés* le plus senés...

Dans les trois cas, c'est *ivres* qu'il faut lire, — non qu'il n'ait pu se faire que, parmi les ivrognes mis en scène, il se trouvât quelque « bourgeois » d'Arras, selon le sens que donne ici le *Glossaire* au mot « juré » ; la chose est assez vraisemblable, mais le manuscrit ne le dit pas.

Quelques autres variantes sont à relever d'après le ms. : v. 55, « asemblées » — *asamblées;* v. 57, « l'autres » — *l'autre;* v. 63-65, je supprimerais le premier tiret et les deux derniers; v. 75, « s'i font » — *si font;* v. 79, « Quant iencor hui matin savoie » — *Quant j'encor;* v. 88, « Et vos deffait » — *Et vos desfait;* v. 101, « Heudecourt » — *Hendecourt;* v. 102,

---

1. Arch. du P.-de-C., *Trés. des ch. d'Artois*, A, 886. Compte de l'échevinage d'Arras, pour les quatorze mois échus le 25 février 1244 : « Por Huart de Hendecourt x lb. » Cf. Bibl. d'Arras, ms. 316, p. 261, Extrait du cartul. R de Saint-Vaast.

2. Voir sur Simon de Villers, pièce xxii, vers 197.

3. A. Dinaux, *Trouv. artès.*, p. 256. Cf. l'art. de Victor Le Clerc et sa note sur saint Roumacle, dans l'*Hist. litt.*, t. XXIII, p. 495.

« tiennent » *tienent;* v. 105-110, les coupures du dialogue paraissent discutables.

Pièce VI, p. 45. — Pour restitution d'usures et autres gains illicites, le bourgeois enrichi, lorsqu'il se sent mourir, abandonne aux mains de quatre « testamenteurs » le fruit de ses rapines commerciales. Le beau mérite de rendre ce que la mort nous prend! Un récit allégorique met cette pensée en lumière; le fait est véridique, affirme le trouvère artésien, il s'est passé

> Assés près de ci, à Gamape.

Ce n'est ni de Gamaches, dans la Somme, ni de Jemmapes, en Belgique, qu'il peut être ici question (v. l'*Index* à ce mot), mais de Guémappe, sur la route de Cambrai, à dix kilomètres d'Arras.

Pièce VII, p. 47. — Ce morceau roule sur un double lieu commun : 1° Il n'est d'heureux mariages qu'entre époux d'âges assortis. — 2° « Rien n'est bon que la médiocrité[1]. » *Ne quid nimis,* dans le savoir comme dans la richesse : le milieu en tout.

> V. 1. Bien ait mariages ounis :
> De coi nus cuers n'est desenis,
> Que quant il est bien moïnés,
> Dont est cascuns bien asisnés.

La phrase ne me paraît intelligible qu'en supprimant les deux points et en traduisant « que » par « car ».

Noter v. 26, « aussi » — *ausi;* v. 29, « courtoisie » — *cortoisie;* v. 50, « effondre » — *esfondre;* v. 61, « souffisance » — *souffissance;* v. 65 « çou qu'il plaist » — *çou qui plaist.*

Pièce VIII, p. 49. — Le moraliste, poursuivant son thème, donne aux femmes le sage conseil de se « tenir moiennement » dans leur toilette, leurs relations familiales, mondaines, religieuses, dans la pratique même de leurs dévotions. Car la

---

1. Pascal, *Pensées* (Havet, VI, 14).

malveillance les guette, et, quoi qu'on fasse, il est difficile
d'échapper à ses insinuations. On sait quels méchants propos
courent la ville! L'écho de ces cancans ne remplit pas moins
de quatre-vingts vers, après quoi la pièce tourne à l'homélie et
finit comme un sermon.

Simon, qui se déclare ici l'auteur de ces vers, et paraît l'être
également des autres poésies morales analogues transcrites au
recueil, reste pour notre histoire littéraire un nom à peu près
inconnu. Notons cependant qu'un Jean Simon est inscrit au
Registre nécrologique en 1248. Nous avons de lui, — ou de
quelque homonyme, — un jeu parti avec Jean Bretel[1] :

> V. 39. Car puis que feme est mariée,
> Ailleurs ne doit estre vouée
> Fors seulement k'a sen mallel...
> Et cil se tiegne à se femelle.

M. Jeanroy explique « mallel » par *maillet*, sens obscène,
métaph. (*Glossaire*, p. 158). Ne serait-il pas plus simple d'y
voir le diminutif de « mâle[2] » ?

Revu sur le ms., le texte donne lieu à quelques observations :
v. 1, « Quand » — *Quant;* v. 8, « Vos ne savés [le] fait c'on
dist » — plutôt : *Vos ne savés, fait [il], c'on dist;* v. 20, « par
li » — *par lui;* v. 29, « Bien est u prendre » — je corrigerais :
Bien set u prendre; v. 39, « Ce peut bien estre : cil maine vie si
onestre » — suppr. les deux points (Cf. XII, 2)' *cil =* [que] *cil;*
v. 46, « Or parole en » — *Or parole on;* v. 105, « S'est grans
perius qu'il ne meskiece » — *qu'il n'en meskiece;* v. 110, « a
devinaus » — *adevinaus*[3] *;* v. 111, « semble » — *samble;* v. 103,
« U la grans joie est a toudis » — *ert a toudis.*

Pièce IX, p. 53. — L'avare qui, au déclin de la vie, continue

1. L. Passy, *Ec. des Chartes*, 4ᵉ série, t. V, p. 474.
2. « Et si ne soit maceeliers si hardis... ki venge car de truie pour [car] de
maiiel... » — *Bans d'Hénin-Liétard*, xiiiᵉ s., dans Tailliar, *Rec. d'Actes,*
p. 405, § 26.
3. « Ce sont adevinal d'enfant ». — Méon, *Fabl. III*, p. 125.

d'entasser au lieu de réparer ses torts, encourt l'éternelle réprobation. Dieu fait de son corps un objet d'ignominie,

> v. 20. Et l'ame aler u il fait noir.
> L'ame est droit vers aublainsevele,
> Si n'a talent k'ele revele.

Il faut évidemment lire « vers Aublainsevele », nom de lieu, et comprendre Ablainzevelle, ancienne annexe de Bucquoy. Mais comment la direction de Bucquoy peut-elle indiquer celle de la damnation? Serait-ce parce que le chemin qui d'Arras y conduit, mène tout droit à Adinfer? Il faut avouer que si c'est là le mot de l'énigme, et je n'en vois d'autre que ce mauvais calembour, le savant éditeur du texte est bien excusable de ne pas l'avoir compris[1].

> V. 31. Au point qu'on le doit, a l'iver.

Je lis : « Au point qu'on le doit *aliuer* ».

Pièce X, p. 54. — Pour se venger de nos méfaits, Dieu procède par « anites », déchaînant chaque année contre l'humanité l'un ou l'autre de ses fléaux. Tantôt la vigne gèle, les fruits coulent ; tantôt les blés manquent: c'est la disette. Vienne l'abondance, elle engendre une foule des maladies. Tour à tour sévissent le chaud, le froid, la famine et la peste ; bêtes et gens sont en proie aux ravages de la mortalité.

Cette lamentation a des points obscurs:

> V. 15. Il fait anites de clapoires,
> Il fait falir pumes et poires.
> Tele eure fait pumes venir
> K'il fait clapoires *defenir*.

Notons d'abord que le ms. porte « desenir[2] » (comme dans VII, 2). Quant à « clapoire, M. Jeanroy, s'appuyant sur Du Cange, *Claperius*, y voit une autre forme de « clapier » ; de plus, il donne au mot le sens métaphorique de « manège hon-

---

1. C'était sans doute un dicton populaire.
2. Furere, sævire.

teux, tripotage, concussion » (*Glossaire*, p. 155). Nous pensons que « clapoire » a ici le sens propre qu'on lui trouve ailleurs[1], et qu'il s'entend de diverses tumeurs, bubons et apostèmes dont le nom s'est conservé dans le flamand « klapoore[2] ».

Bien autrement embarrassante est cette plaie de « bielos » et de « pauwellons » dont pâtissent les paysans. Il nous paraît impossible de voir dans ces « bielos » des « béliers », ni dans les « pauwellons » des « coqs », comme l'indique le *Glossaire* (p. 154, 160). L'interprétation n'offrirait aucun sens ; elle ne convient pas mieux à un autre passage où ces deux mots se retrouvent associés (XV, 55). Que signifient-ils ? Problème à résoudre.

Le tableau qui précède n'est d'ailleurs qu'un préambule. Un autre fléau, le plus terrible de tous, ravage le monde entier : c'est « l'anite de trahison ». Elle est à Rome, elle est à Reims, elle sévit sur les princes souverains, elle s'est abattue sur Arras. De ses effets, le poète ne parle qu'à mots couverts. Il maudit le mariage « bareté », officiel, politique, calculé pour la ruine de la ville et la honte du peuple ; puis il conclut, à l'adresse des gouvernants :

> Arras pert tout par male warde.

On peut se demander si l'allusion ne viserait pas le second mariage de la comtesse d'Artois, et les conséquences financières dont nous avons déjà parlé plus haut[3].

Pièce XI, p. 56. — *Pas* ne puet nus estre emboés
Que d'avoir cri qui soit loés,
Se par bone oevre ne demostre
Qu'il soit si fais com il se moustre.

On ne peut comprendre qu'en lisant : « *Pis* ne puet nus estre emboés, » c'est-à-dire, il n'est pire opprobre que des airs et

---

1. La Curne, *Dict.*, au mot FI. — *Dit de l'Erberie.* Godefroy, *Dict.*, au mot CLAPOIRE.

2. E. L. Mellema, *Promptuaire flameng-françoys*, Rotterdam, 1612 — KLAPOORE, poulain, fic.

3. Pièce III.

un renom de vertu, si les actes ne démontrent qu'on est en effet ce que l'on veut paraître.

Tel qui voudrait passer pour un saint cherche à dissimuler sa luxure ; mais il faut remonter le drap bien haut pour qu'on ne voie pas qui il recouvre !

> v. 10. Mout covient haut le lit border
>   Qui on veut de loinssiaus covrir.

M. Jeanroy comprend : « Il faut relever le matelas de façon à rendre plus étroit le lit qu'on veut pouvoir recouvrir des draps, » c'est-à-dire, allégoriquement « qu'il faut, pour obtenir le bonheur éternel, mener une sainte vie » (*Glossaire*, au mot « Loinssel »). Cette interprétation me semble trop isolée du contexte pour être la vraie.

> V. 12.   Qui en bien veut son cuer ovrir,
>   Il covient en *ourant* ovrer,
>   S'il veut a grasse recovrer.

La liaison des idées impose ici à « grasse » le sens de « réputation », qu'il a fréquemment [1]. Je paraphraserais donc : Quiconque affiche de beaux sentiments doit joindre les actes à ces manifestations, s'il veut qu'elles lui fassent honneur. Je lis :

> Qui en bien veut son cuer ovrir,
> Il covient en *ovrant* (son cuer) ovrer...

« En *ourant*, » c'est-à-dire « en priant », ne se rattache ni à ce qui précède ni à ce qui suit. Sans doute, le mot de l'Écriture cité par M. Guy : « Fides sine operibus mortua est, » a bien servi de prétexte au poète ; mais il prend « fides » dans un sens objectif qui le retourne et lui enlève toute portée religieuse et théologique : c'est un vrai travestissement.

1.
> Eschars serez vous voirement,
> Se dis d'aventure ne ment ;
> Et si vous di à la parsomme
> Aurez la *grace* de preudomme.
>   (A. Jubinal, *Jongl. et Trouv.*, p. 152).

« Item, que nulz ne soit herbegiés qui ait *grace* de iestre houriers, se il ne s'en puet purgier. » — *Bull. de la Soc. hist. et litt. de Tournai* (1683), t. IX, p. 309. — Cf. « grassieus », *Chans. et Dits artés.*, VIII, 37.

2. *Introd.*, p. 11, note. Cf. Brun. Latini, *Trésor*, l. II, 2e p. CVII.

On est frappé du constraste que présente avec les subtilités de ce début la vulgarité grossière du développement final : c'est que la leçon s'adressait à la fois aux clercs et à la foule.

Pièce XII, p. 57. — Dans cette satire, placée pour la forme sous l'autorité d'un saint imaginaire[1], le moraliste s'élève vigoureusement contre la coquetterie des femmes. Sa verve caustique en montre les dangers ; elle nous peint sous de vives images les artifices de leurs manières et les supercheries de leur parure. A ce luxe trompeur, qui éblouit et ne recouvre que misère, il oppose la richesse de ces étoffes précieuses expédiées par les marchands d'Arras à ceux de Lombardie, sous la grossière enveloppe des plus communes serpillières. Aussi demande-t-il plaisamment que, comme dans le métier de la draperie, on institue pour les femmes une *Vintaine* spéciale chargée de vérifier la marchandise et de punir la fraude.

> V. 83 et 87. En le moiienne est li rikece.....
> En le moiienne est li caroigne.

« Dans le milieu (de l'un) est la richesse, dans le milieu (de l'autre) est la pourriture. » — Le sens est clair ; on ne s'explique pas l'embarras du *Glossaire*[2].

> V. 48. Que l'ewesques u li baillius

La leçon du ms. est « l'envesques », forme relevée ailleurs par Du Cange, au mot PAPELARDUS.

> V. 72. On doit le feme mout tencier
> Qui fait visage de mercier.

C'est-à-dire, qui fait de son visage un étal de mercier, en se couvrant de parures et de bijoux[3].

> V. 97. Quant li dame est fiere et argans
> Ses cuers devient ausi cangans.....

---

1. Cf. « Signor, li sains recorde, » xv, 1.
2. Voir aux mots **Moiienne** et **Caroigne**.
3. D'après le *Glossaire*, au mot **Mercier**, « peut-être faite belle mine à tout le monde, comme le marchand qui veut attirer la clientèle ».

« Argant » ne veut pas dire « arrogant » (*Glossaire*, p. 153),
mais « ardant — ardent » ; les exemples abondent[1].

V. 120. Feme qui a cretiaus se loie

Le *Glossaire* interprète « se coiffe avec des dentelures ». —
« Se loier » ne s'applique-t-il pas spécialement à la taille ?
Dans ce cas, les « cretiaus » devraient s'entendre des échancrures
du corsage, mode qui effarouchait le rigorisme du temps, non
moins que celle des cornettes.

1. Voir Adam de la Halle, *Feuillée*, v. 313. — Comptes du domaine
d'Artois, 1314, 1332. — Statuts des jongleurs, vers 1325. — Titre de 1374,
Arch. du P.-de-C. *Chapitre N.-D.* — Reg. aux bans, f° xiv r°, des Arch.
comm. de Lille. — Reg. aux embrev.; 19 déc. 1437, Arch. comm. d'Arras.
« Qui enclos est de feu argant. » *R. du Renard*, Méon, v. 1541. — « Et s'eut
avoec candeille argant... » *Ibid.*, v. 6094. — « Un tison argant en la
main. » 1348. Giry, *Hist. de Saint-Omer*, p. 100.
On peut rapprocher de ce cette double forme « mordant » et « morgant »,
écrit aussi « morjant » ; ici même « torjant » (XXI, 64) : on sait que dans
« argant » et « morgant » le *g* est doux, comme l'indique la rime « argans »
et « cangans » ci-dessus.

2.   La gorge et li goitrons sont hors de la touelle....
          Par Dieu j'ay en mon cuer pensé mainte foiee
          Quant je veoie dame si faittement *loiee*.
          Que la touelle fust a son menton poiee
          Et que l'espingle fust dedens sa char ploiee....
          Fors qu'elles ont trouvé ceste nouvelle forge
          D'eulz *lier* pour monstrer leur goitron et leur gorge....
          Elles se *reliroient* à l'ancienne loy....
          Leur chaucier, leur vestir, leur *lier*, leur trecier,
          Leur seurcoz trayner et leur cornes drecier
          Ne sont avant venuz fors pour hommes blecier.
                              (A. Keller, *Romvart*, p. 125).

          Et font cols du bout des eschines,
          Et font cornes de lor poitrines....
          Robe ainsinques escoletée
          Semble le treu d'une privée.....
          L'en lor puet bien veoir ès sains,
          L'en i metroit bien ses .ij. mains.....
          Si croi, se Dieus me bénéie,
          Que fame qui ainsi *se lie*.....
          Et son charcois tant aime et prise
          N'est pas de grant bonté esprise.
                  (A. Jubinal, *Jongl. et Trouv.*, p. 89 : *Les Cornettes*).

Pièce XIII, p. 60. — La publication de cette pièce inédite par M. Jeanroy dans les *Études romanes*[1], les commentaires dont il l'a accompagnée et les comptes rendus des revues françaises et étrangères[2] en avaient déjà signalé les obscurités. De même que deux chansons précédentes (pièces II et III), celle-ci prend à partie les administrateurs communaux au sujet de la taille, et rappelle les noms déjà vus de ces « trois hommes ou quatre, qui voulaient abattre Arras et tout sucer l'argent » :

v. 32.　　　　　　　Trop mus

En est sire Audefrois [...] li Camus[3].

v. 42.　　　　　Willaume as Paus, Frekins,

Crespins

Li mainsnés fist couroune sans orpin.

Frekin et les Frekinois[4] ont jusqu'ici dérouté les commentateurs. On en a fait une famille distincte, sans cependant pouvoir en reconstituer les éléments[5], : ils ne sont autre chose, en effet, qu'une branche des Crespin, ainsi désignée du prénom de son auteur, Ermenfroi Crespin. La dernière syllabe de ce prénom, augmentée du diminutif germanique *kin*, a donné Frekin. Ermenfroi le Tailleur (XIV, 53) s'appelait de même, familièrement, Frekin le Tailleur. On peut comparer Claiequin, de Nicolas (XXIII, 25); Maiekin, de Mahieu (Fastoul, *Congé*, v. 560, et *Registre*, Purif., 1306-7); Pierrekin (*Hist. litt.*, XXIII, 694); Gilquin, etc.

« Crespins li mainsnés » n'est donc pas Ermenfroi, comme on l'a supposé[6], mais sans doute Jakemin, que Fastoul appelle[7] :

Li maisné fil seigneur Frekin.

1. *Études romanes dédiées à Gaston Paris.* 1891; in-8°.
2. *Romania*, t. XXII, (1893), p. 141. — *Archiv für d. Studium d. neuer. Sprachen*, B. 86 (1891).
3. Ici, épithète caustique d'Audefroi Louchart (?); plus loin (XX, 1), nom ou sobriquet d'un trouvère inconnu.
4. Voir pièces, II, 22, et III, 76.
5. *Études romances*, p. 92, note, v. 42-4. — *Chans. et Dits artés.*, p. 128 de l'*Index*, au mot **Frekin**.
6. *Études romanes*, p. 93.
7. *Congé*, v. 317.

Nous savons, d'autre part, que Jakemon, fils d'Ermenfroi Crespin, tenait en fief du comte d'Artois le moulin du Wetz Damain, *de super vadum domine Emane*[1] — abreuvoir qui a conservé jusqu'à ces derniers temps, le souvenir de l'aïeule, Emma Crespine de *Strata*[2].

L'Estrée fut le berceau des Frekinois; là était leur manoir ancestral. Ce n'est donc pas « la mauvaise réputation des habitants de ce quartier » que vise l'allusion de la satire,

> Cil de l'Estrée
> Ont honi leur contrée ;

elle s'adresse aux Crespin, à la famille d'Ermenfroi, cité dans le *Jeu de la Feuillée*, v. 217 et 793, mort en 1272. Nous les retrouverons bientôt dans une autre satire, eux et leur moulin.

Peut-être serait-il téméraire de décider, sur de simples vraisemblances, que Jakemon est bien celui des frères qui « fist couronne sans orpin »; l'homonymie expose à trop d'erreurs pour qu'on ne doive pas se garder d'identifications précipitées[3]. En tout cas, il est certain que la phrase ne veut pas dire qu' « à eux trois, ils forment une couronne qui n'a pas grande valeur[4] ». « Couronne » signifie « tonsure[5] »; faire couronne, c'est se faire clerc, et l'on sait que certains fils de bourgeois avaient recours à ce moyen pour soustraire leur avoir aux solidarités financières de la communauté[6]. Quant à l' « orpin » ou orpiment,

---

1. Acte de juin 1229. — Arch. du P.-de-C. (*Inv. somm. du trésor des ch. d'Artois*, A, 17).

2. Sur l'Estrée et les Crespin, voir notre article *Strata* dans *Les Origines d'Arras et de ses institutions* (Arras, 1896).

3. Le *Jeu de la Feuillée* fait mention d'un Jean Crespin, clerc, qui répond sur un point au signalement de la satire : « Car, mout est dolans s'on le taille » (v. 479); mais il faudrait, pour l'identifier, établir sa qualité de « mainsné ».

4. *Index*, au mot **L'Estrée**.

5. Voir Méon, *Fabl. et Contes*, I, p. 302, v. 992; III, p. 221, v. 27, 62; p. 335, v. 232. Du Cange, au mot CORONA.

6. L'article suivant, extrait d'une enquête faite, vers 1288, sur l'adminis-

c'était une substance communément employée pour peindre la
« couronne » ou nimbe des saints dans les églises[1]. De là le
jeu de mots « faire couronne sans orpin. »

V. 67. Dehait cornelle
Qui toute nuit velle
Por un preudome decevoir.

Double énigme, historique et philologique. « Cornelle » n'est
pas relevé dans le *Glossaire*.

De l'avant-dernière strophe, M. Tobler donne une interprétation[2] adoptée par M. Jeanroy, d'après lequel la pensée se résu-
merait ainsi : « La vérité finit toujours par éclater et le droit
par l'emporter[3]. » Le sens me paraît tout autre. Si je comprends
le diagnostic appliqué à l'état moral de la haute bourgeoisie
d'Arras, voici quel serait l'enchaînement des idées :

8

v. 78. Foraine ordure
Saciés que peu dure.....
Tracier
Doit, tant k'ele truist voie a hors mucier.

tration des baillis et des échevins, ne laisse aucun doute sur l'exactitude de
cette interprétation :

« *Contre Jakemon Pouchin.* — De chou ke Colars Bourgois, ses niés,
» estoit bourgois d'Arras, et li fist faire courone. Chius Colars manoit
» avoeckes lui et morut en se maison. Il fu boulés, ne ne trouva on nient
» de sen vaillant, et fut seut ke chiuz avoit vaillant plus de ij mile ℔, et
» fu cose ciertaine ke li testamenteur rendirent plus de xII° ℔, si ke, par le
» consentement de Jakemon devant dit, li sires et li vile i perdirent leur
» droiture. Jehans de Sarris, qui adont estoit sourbaillus, en saroit bien
» parler. » — Arch. du Pas-de-Calais, *Très. des ch. d'Artois.*

1. « *Item*, pour orpin à faire le couronne saint Jean, VII s. III d. ob. » —
Bibl. Nat., Colbert-Flandre, 187, *Compte de l'hôpital Saint-Jean-en-
l'Estrée d'Arras*, de la S. Remi 1308 à la S. Remi 1309.

2. « Das Recht oder die Vernunft findet leicht eine Stelle wo sie hinaus-
schlupft. Aber Bosheit und Gemeinheit des Herzens sitzen fest drinnen. »
Archiv. f. d. Studium d. n. Sprachen, B. 86 (1871), S. 444.

3. *Glossaire*, au mot **Mucier**. Littéralement, d'après M. Jeanroy : « La
raison, — la chose est certaine, — quel que soit le chemin qu'elle doive
prendre, finit toujours par apparaître au dehors. »

9

v. 89.   Mais felenie.....
          Celle qui naist dedens le cors.....
          Saciés n'en porroit issir fors.

« Quand un mal a sa cause en dehors de l'organisme, il est
vite expulsé, il abcède; mais s'il est congénital, on ne l'extirpe
jamais. » — L'antithèse des deux strophes saute aux yeux et les
rattache à une même idée, malgré les enchevêtrements de la
syntaxe. « Foraine ordure » est le pivot de la première, et le
sujet de « doit glacier, tracier et hors mucier », tandis que
« raisons devise, li cose est assise », ne sert qu'à cheviller la
strophe, comme plus haut (v. 26) « cose est outrée, raisons est
mostrée ».

Dès lors plus n'est besoin de recourir à l'allégorie du *Glossaire*[1] pour expliquer les vers 81-83; ils développent l'apho-
risme du début: « Aliments suris ni râpé de raisin ne honnissent
qui s'en indigère[1]; foraine ordure, sachez-le, peu dure; — le bon
sens le dit, c'est chose certaine, — où qu'elle ait son cours, il lui
faut cheminer, jusqu'à ce qu'elle trouve issue par où s'évacuer.»

Pièce XIV, p. 63. — La richesse, c'est le jeu de la pelote
où les jeunes filles prennent leurs ébats: chacune veut l'avoir
à son tour; on se la dispute, car qui la possède est en vue,
en honneur et en joie, jusqu'à ce que, changeant de mains, elle
porte ailleurs le prestige d'une faveur éphémère.

Le moraliste part de cette comparaison pour remonter de
proche en proche à l'origine de certaines fortunes bourgeoises,
invitant à de pieuses réparations ceux dont l'héritage paternel
s'est accru de la « pelote » d'autrui.

1. M. Jeanroy, interprète ainsi les trois vers

v. 81.   Viande sure
          Ne vins de raspure
          Ne honist point le mal megnier:

« Un mauvais repas n'est pas déshonoré par un vin aigre et des mets de
mauvaise qualité; il est naturel de les y trouver. De même, de la part des
coquins, attendez-vous à des vilenies. » *Gloss.*, p. 158, au mot **Megnier**.

Six familles d'Arras sont ici représentées par quinze de leurs membres en succession généalogique; Huon Mouton marche en tête :

> v. 37.　Je vi ja un Huon Mouton :
> On ne le prisoit un bouton ;
> Au point k'il se maison covri
> Mainte angoisse au siecle souffri.

M. Jeanroy incline à voir dans « au point k'il se maison covri » l'idée de « se mettre en ménage[1] ». Ne serait-ce pas là, plus vraisemblablement, une métaphore populaire s'appliquant au comble de la dernière demeure? J'interpréterais : « lorsque le tombeau se referma sur lui », en rattachant par la ponctuation cette phrase au vers précédent, et non au suivant[2].

Plus loin (v. 51), vient Ermenfroi Kiepuce, nommé dans une liste authentique de l'échevinage d'Arras en février 1200, v. st.[3]. On le retrouve inscrit, sous l'abréviation plus honnête d'Ermenfroi Puche, au bas d'un acte original de 1223[4], et tout au long dans une enquête de 1247, insérée par M. L. Delisle au t. XXIV du *Rec. des histor. de France*[5]. Le premier mourut en 1231, son fils, Ermenfroi le Tailleur, en 1262[6].

Mathieu le Tailleur recueillit alors l'héritage patrimonial; il le possédait depuis peu quand ces vers furent écrits.

---

1. *Glossaire*, au mot **Covrir**.

2. Huon Mouton possédait avant 1261 une maison au pouvoir des Maus ou de Baudimont vieux (B. N. Lat. 10972, *Hostagia*, f° 4). Waghon Wion et Audefroi, deux de ses héritiers ici nommés, furent échevins de Cité, le premier en 1256, le second en 1275 (Arch. du P.-de-C., *Chapitre*, Orig., et *Mém. pour MM. Briois d'Angre et d'Hulluch*. Preuves, I, p. 15, 1780). Un autre Huon Mouton, peut-être fils du précédent, prêtait de l'argent à la ville de Gand en 1277 (J. de Saint-Genois, *Invent. des ch. des comtes de Flandre*, n° 203).

3. Arch. du Nord, *Anchin*. Orig.

4. Ibid., *Ch. des Comptes*. Orig.

5. « Ermenfridus Cisor, civis Atrebatensis, dicit quod rex imbanniverat omnia bona que fuerant Ermenfridi Kiepuce. »

6. Pour toutes les dates mortuaires dont la source n'est pas indiquée, voir le *Nécrologe* de la Confrérie des jongleurs, et notre *Communication* aux *Comptes rendus de l'Acad. des Inscr.*, année 1899, p. 464-475.

> V. 57.   Je vi ja Jakemon le Noir ;
> Il a laissié *tout* sen avoir,
> Or l'a cil Jehans de Relenghe.
> Du testament cascuns i *hengle.*

Le *Glossaire* traduit « hengler » par « causer, faire des gorges chaudes ». Cette explication improvisée porte sur une fausse lecture, que signale la rime : le ms. donne « henghe », venant de « henghier », onomatopée au sens de « soupirer, aspirer », comme ci-devant dans la pièce V, 24.

Jakemon le Noir, bourgeois d'Arras[1], était, en 1260, créancier des villes de Calais[2], Montreuil-sur-Mer et Saint-Riquier[3]. Il mourut l'année suivante, vers novembre 1261. Jean de Relenghe, son héritier, que Fastoul qualifie « monseigneur[4] », paraît être Jean, sire de Renenges, chevalier, frère du châtelain de Saint-Omer, dont nous avons un acte d'août 1269[5].

Ailleurs, à propos de Jean Fourdin :

> v. 62.   On dist k'il gist en sen gardin.
> Sen cors ne pris une baulleske ;
> Sen avoir reçut *longue leske.*

D'après le *Glossaire*[6], ce dernier mot signifierait « bande mince et longue ». Mais le sens exige un nom propre, celui de l'héritier. Or, une enquête de janvier 1270 nous apprend que Jehan Longeleske était sous-bailli d'Arras, au mois d'août qui suivit le départ du comte d'Artois au delà des mers[7]. La leçon serait donc, avec l'orthographe du ms. :

> Sen avoir reçut Longheleske.

1. Fils de Gérard le Noir, celui-ci échevin d'Arras en 1201, 1222, 1225, nommé dans un fabliau de Courtois d'Arras (Méon, *Fabl.*, I, 259), mort le 24 avril 1228 (Bibl. d'Arras, ms. 305).

2. Arch. du Nord, *Ch. des Comptes.* Orig.

3. J. de Laborde, *Layettes du Très. des Chartes*, t. III, p. 506 et 545, col. B.

4. Méon, *Fabl.*, I, p. 126, *Congé*, v. 429.

5. Deschamps de Pas, *Sigill. de Saint-Omer*, p. 29. — Giry, *Analyses et Extraits des Archives de Saint-Omer*, p. 17.

6. Au mot **Leske.**

7. Arch. du Pas de-Cal., *Trés. des Chartes*, A, 18.

Les vers suivants concernent Mre Adam de Vimi, clerc praticien marié à la demoiselle de Miraumont, qui lui survécut. Il avait acheté en 1239 le fief seigneurial de Baudimont neuf, contigu à la terre de Baudimont vieux possédée par Saint-Vaast. Le fief s'appela dès lors « le pouvoir Maître-Adam », nom qui s'étendit à la rue et à la porte par où on y accédait en venant de la rue des Maus. Cette ancienne rue Maître-Adam reliait la Cité à la porte Méaulens.

A sa mort, en 1263, le fief fut vendu au comte d'Artois par Jean Mauchions et Marguerite de Vimi, sa femme, héritière du défunt. Leurs sceaux pendent à l'acte et ne permettent pas de lire « Mancions[1] ». De même, le sceau d'Adam de Vimi suffit à montrer qu'il ne peut être ici question d'Adam de la Halle[2].

A signaler quelques corrections : v. 8, « belle » — *bele;* v. 19, « Œguiet » — *Œgivet*[3]; v. 50, « peloke » — *piloke;* v. 70, « ni » — *n'i.*

Pièce XV, p. 65. — Les « gueudes » ou « carités » d'Arras viennent de loin ; elles remontent aux origines mêmes de son organisation civile et industrielle.

Dès le XIIe siècle, chaque métier avait sa confrérie, chaque saint patron sa clientèle corporative ou médicale.

> v. 3.   L'une est de saint Antone, li autre de saint Main…
> Li tierce est saint Mahiu, li quarte saint Tieton[4];

---

1. *Index*, au mot **Mancions** (ou **Maucions**). — Voir Demay, *Sceaux d'Artois*, n°s 689, 690.

2. Reproduit dans la *Sigillogr. d'Arras*, n° 366. — Demay, *ibid.*, n° 2591.

3. Oegivet, Sainteron, Mahalet, Wauteron, diminutifs de Ogive, Sainte, Mehaut et Wautiere, étaient des prénoms de femme alors très répandus. V. le *Nécrologe* des jongleurs, 1221, 1^22; 1256, 1^24; 1270, 3^6; 1270, 3^15; 1271, 2^6, etc.

4. Le P. Ignace affirme gratuitement qu'une confrérie de Saint-Antoine fut établie à Arras en 1092. — Bibl. d'Arras, ms. 1037. *Mém. du dioc.*, t. II, p. 122. — Ce qui est certain, c'est qu'au XVe siècle il y en avait quatre sous ce patronage : à Saint-Géry, Saint-Nicolas, Sainte-Croix et Saint-Nicaise. — Arch. comm. d'Arras, *Testaments*.

La charité de Saint-Mathieu figure dans les comptes du bailli en 1304,

A défaut de légende appropriée à l'attribution, une simple consonance équivoque fixait le choix populaire : saint Anthoine et « sen vérin », celui-ci naïvement canonisé saint Verin[1], guérissaient l'érysipèle et le rouget; saint Main ou Méen de Gaël, la rogne et la gale; saint Mathieu et saint Mor les rhumatisants[2]; saint Etton, les vaches nourricières[3].

Le chemin de l'étable conduit directement cette énumération facétieuse à la basse-cour, où l'ironie du poète va chercher le patron d'une charité nouvelle, plus miraculeuse encore que toutes les autres,

> v. 7.   Celle de saint Oison, le frere saint Gourdin.
>   Mais nus n'i puet entrer s'on ne le set lordin.

Comme elle n'admet que des sots fieffés, la confrérie des engourdis et des lourdauds affectera le caractère des sociétés aristocratiques. A l'imitation de l'archiconfrérie de la Chandelle d'Arras, dont une allusion rappelle ici même le siège « ens en l'Euwillerie[4], » les « bevées » s'y font au vin, à l'exclusion de

---

1306, 1332, etc., pour une rente de 4 deniers sur deux mencaudées de terre à Becquerel. — Arch. du Nord, *Ch. des C.* Jean de Celest en était doyen en 1388-89 (*ibid.*) et Jean Rollans clerc et doyen en 1397-98. — Arch. comm. d'Arras, *Quittances.*

Saint Mein, est le patron d'Écoust, canton de Croisilles, et saint Etton celui de Biefvillers, canton de Bapaume.

1. « Lequel enfant cheoit en maladie que l'en dit de saint Othoine et de saint Verin. » — Arch. nat., JJ, Reg. 135, p. 225. — Le sanctus Veranus du *Martyrologe*, 10 septembre, ne peut être associé à saint Antoine que par équivoque.

2.   Donnez au pauvre qui languit
            Du mal saint Fiacre en grant dolour,
            De saint Mor et de saint Mahieu.
                    E. Deschamps (dans La Curne).

3. G. Gazet, *Hist. ecclés.*, p. 63 et 156.

4. La rue de l'Euwillerie (de l'Aguillerie, de l'Aguilletrie), aujourd'hui des Grands-Viéziers, tirait son nom des fabriques d'aiguilles que le *Cartul.* de Guiman y signale dès 1170 (p. 201): « Domus Guillelmi qui acus facit. » Elle aboutissait au préau et à la salle de la confrérie des Ardents : « Walterus de Ransart pro domo sua en l'Aguillerie ante halam Ardentium, ij s. in Nat. » B. N., ms. lat. 10972, *Hostagia.* — *Ceuilloir des rentes fonc. de l'église N.-D.* renouvelé en 1261, f° 25.

la cervoise, et le grand banquet de Pentecôte aux gras oisons rôtis[1].

Des échevins et un doyen l'administrent, un maire la préside, désigné par le sort suivant un mode d'élection que deux mots obscurs déjà vus laissent encore inexpliqué :

> v. 55. Il nos convenra prendre quatorze *bielos*
> Et quinze *pauwellons* : cil jeteront les los;
> Sour qui il escara, si en ferons maieur.

Il va de soi que les candidats abondent. L'auteur les fait défiler devant nous en exposant complaisamment leurs titres : c'est à cette revue satirique qu'il voulait en venir.

Cependant sa fantaisie malicieuse ne se borne pas à cette première fiction ; il imagine d'y joindre, comme contre-partie, une congrégation de femmes sous la règle de sainte Auweline, qu'il place, on se demande pourquoi,

> v. 74. Ens en un grant marès qui est dehors Corbie.

L'*Index* a cherché en vain sainte Auweline dans le martyrologe; elle ne s'y trouve pas, et pour cause : une « auwe » est une « oie » et Auweline, le féminin d'Oison, patronage symbolique certainement étranger à l'idée « de personnes peu recommandables par leur caractère ou leurs mœurs[2] ».

Cette vengeance de plume aurait eu pour cause, à ce qu'il paraît, certains froissements rapportés de Montdidier par notre ménestrel :

> v. 97. J'eslesisse nounain, se Diex me puist aidier,
> Se ne fust li pesance que j'euc à Mondisdier.

---

1. Le vin de la guilde des marchands et de celle des monnayeurs est rappelé en 1170 dans le *Cartul.* de Guiman, p. 191. — Le règlement de la Confrérie de Saint-Dominique des barbiers, de 1247, prohibe le vin et n'autorise que la cervoise : « Et à le bevée ne goustera de vin ne maires ne eschevins sor iiij den. de fourfait, et li maires sor viij den. » Celui de la Confrérie des Ardents, du xive siècle, entre dans de grands détails au sujet de la répartition des lots de vin et des oisons pour les trois jours de la fête.

2. *Index*, au mot **Auweline.**

Serait-ce à la joute rappelée dans le *Jeu de la Feuillée:*

> v. 725.   Bien i parut a Mondidier
> S'il jousta le miex ou le pis.

On peut s'étonner que la question n'ait pas été posée; elle mérite de l'être, bien que le vague des synchronismes fournis par les noms cités la laisse encore indécise.

Il semble, en effet, d'après le *Nécrologe* des jongleurs, que ce Mathieu le Tailleur (v. 96), soit mort vers la fin de l'année 1257. Mais on a vu dans la pièce précédente un autre Mathieu, fils d'Ermenfroi, vivant en 1263. Lequel des deux fut l'époux de la « gentius dame » ici mise en scène, qu'un acte de 1254 nomme Marie de Simencort[1]? Probablement le second : c'est ce qu'il faudrait vérifier.

Mêmes difficultés résultant de l'homonymie dans l'identification des Robert Bernart (v. 17), Robert Castelet[2], Robert Cosset (v. 39), Jacques et Jean de Monci (v. 25, 72). Autour de ce dernier nom, l'*Index* a groupé une foule d'indications plus ou moins hétérogènes : les Monchy d'Artois s'y confondent avec ceux du Vermandois, les seigneurs avec les vilains, notre bourgeois de la Taillerie avec un bailli du comte, — et ce nom de Monchy, commun à des localités et à des familles déjà si diverses, avec celui de Monchaux, tout différent et lui-même indéterminé. Le moyen de s'y reconnaître!

Du côté des Auwelines, l'attention se porte sur la femme d'Audefroi, qui voudrait être abbesse du couvent :

> v. 80.   Car a sainte Auweline a tout sen cors offert,
> Et por un grant peril dont ele est escapee

---

1. Mahius li Taillieres et Marie de Simencort, sa femme, engagent une dîme tenue de Saint-Vaast, en présence d'Ermenfroi le Tailleur, Henri Hukedieu et autres. Mai 1254. — Bibl. d'Arras, ms. 316, p. 100 et 293.

2. Robert Castelet, sur lequel l'*Index* ne donne aucun renseignement, figure dans les *Hostagia* de 1261 pour ses deux maisons rue Saint-Nicolas-sur-les-Fossés *extra-muros* (f° 35 v°). Un acte du 4 mars 1271, n. st., fait mention de la terre qu'il possédait entre Boiry et Hamblain (Bibl. d'Arras, ms. 316, p. 271).

> Audefrois li fist ja une *uve* capee;
> De sen grant caelit le vaut escerveler :
> Je cuit c'aucuns de vos en a oï parler.

On voit qu'il s'agit d'une scène d'alcôve méchamment ébruitée. L'absence d'un point final au second vers en fausse tout d'abord l'interprétation. Au vers suivant, « une *uve* capée » (*uve* pour *huve*, d'après M. Jeanroy[1]), me semble, pour la lettre comme pour le sens, moins vraisemblable que « une *vue* capée » expliqué dans La Curne[2]. Enfin le *Glossaire* arme le bras d'Audefroi d'un *caelit*[3], mot qui n'a jamais désigné qu'un « châlit », primitivement un lit de parade, du haut duquel, si l'on en croit la malveillance, l'irascible mari aurait voulu précipiter sa femme, au risque de lui briser le crâne.

Variantes du ms. : v. 15, « Me sire sains Oison » — *Me sires S. Oisons;* v. 39, « Robert Cossès » — *Robers Cossès ;* v. 42, « Sawalès » — *Sawales* (cf. XIX, 62); v. 65, « qeüs » — *queüs ;* v. 89, et 90, « waaign, mehaign » — ms. *waaing, mehaing.*

Pièce XVI. — Pour avoir robes et argent, le ménestrel doit faire preuve de savoir auprès de ceux dont il convoite les dons :

> v. 1. Quant menestreus es lius repaire
> Bien est *r*aisons ke ses sens paire
> Entour *tens*[4] u il bee a prendre...
> Por avoir reubes et argent.

Mais s'il a recours à l'hospitalité des grands, son cœur sait choisir, son estime ne va qu'au mérite. Exalter qui s'ennoblit, flétrir qui se dégrade, telle est sa mission, et il n'y faillira

---

1. *Glossaire,* au mot **Caper.**
2. *Dict. hist.,* au mot CAPÉ.
3. *Glossaire,* au mot **Caelit :** « sorte d'arme. » — Godefroy dit de même, à propos de ce vers : « caelit, espèce d'arme. » sans justifier cette interprétation de circonstance.
4. Ms. « ceus », comme plus bas, vers 64.

pas. Jamais l'auteur d'une infamie, quoi qu'il puisse offrir,
n'obtiendra de lui qu'il ne s'adresse à son entourage et ne la
relève :

> v. 15. Nus menestreus ne doit souffrir
> Por chose c'on li *face*[1], offrir
> Ke, se haus hom fait vilonie,
> K'il ne paraut a se maisnie,
> Mais ke se soit de *reliver*[2].

Quel spectacle s'offre aujourd'hui à la censure du poète ! Le
désordre social est à son comble ; le clergé donne l'exemple, la
chevalerie se déshonore. Plus de hiérarchie, plus de classes ; la
naissance est une chimère,

> v. 51. Nus n'est *vilain*[3] se de cuer non.

Après ce cri de protestation égalitaire, dernière tirade du
long prologue, la toile se lève sur un moulin à vent fantas-
tique, emblème des caractères faux et versatiles que la fiction
met en scène. Cette fois, les acteurs seront pris, non plus dans
la bourgeoisie d'Arras, mais dans la noblesse d'Artois et des
pays limitrophes :

1. Ms. « c'on li sace (sache) offrir ».
2. L'ambiguïté du dernier vers rend la traduction contestable. J'ai compris « reliver » dans le sens de « mettre en relief, signaler ». M. Jeanroy
corrige « du reliver » et pense qu'il s'agit « des reliefs de la table, de
cadeaux ». Il me parait bien difficile d'harmoniser cette interprétation avec
le contexte. D'autre part, la forme « reliver » pour « relever » est assez
insolite ; cependant on trouve « liver » et « lever » usités concurremment.
Voir *Floovant*, v. 109, 2364, 2371.
Dans cette même citation se rencontre le mot « paraut » que le *Glossaire* rattache à « parler » (V. ce mot). Or, le subj. prés. sing. de
« paroler » donne « parolt-parout ». Ne serait-il pas plus normal de rattacher « paraut » à « paraler », le subjonctif de « aler » prenant indifféremment les formes « aille, alt, aut », d'où « paralt = paraut » ? Le sens
général de la phrase reste d'ailleurs le même.
3. Le ms. porte correctement « vilains », comme dans le fabliau *Des
chevaliers, des clercs et des vilains*, où ce vers est reproduit littéralement
(Méon, *Fabl.*, III, p. 29). — M. Guy a suivi la vraie leçon, *Introd.*,
p. 19.

> v. 60. Li haut home de cest païs
>   Se sont tout asamblé ensamble
>   Et concordé ont, ce me samble,
>   K'il feront un muelin de vent
>   De ceus qui ventent plus sovent
>   Et ki mex sevent gent ourler[1]
>   E[2] decevoir par bel parler.

Le concours est ouvert; a qui va-t-on adjuger le moulin ?

Un premier « venteur » le réclame; il a nom « me sire Bertous ». Adoptant l'opinion de Windahl, M. Guy identifie ce personnage avec l'usurier Bertoul des *Vers de la Mort*[3], C'est une erreur; celui-ci était un simple bourgeois, Bertoul Verdière, mort à la fin de l'année 1266, tandis que l'autre est un chevalier, dont les vers suivants font connaître la résidence :

> v. 74. A çou k'il maint pres de Blangi
>   Il afiert bien et par raison
>   Li muelins soit en se maison.

Le seigneur qui se réclame de ce voisinage amphibologique ne peut être que celui de Bailleul, village encore appelé de son nom Bailleul-sire-Bertoult et contigu à Saint-Laurent-Blangy, aux faubourgs d'Arras. Un détail topographique, noyé dans le texte, confirme d'ailleurs l'attribution :

> v. 69. A *qui k'en poist* le fera metre.

Lisez « Quikenpoist », devise de forteresse seigneuriale devenue nom de lieu, comme « Quikengrogne », et subséquemment celui de moulins féodaux qu'on rencontre partout[4].

---

1. « Ourler », c'est proprement circonvenir; « decevoir », c'est tromper.
2. Ms. «Et».
3. *Index*, au mot **Bertoul**.
4. Sans parler de la Belgique, il existe en France, d'après le *Dict. des Postes*, une quinzaine de *Quincampoix* diversement orthographiés. Un nombre à peu près égal de moulins sont déjà relevés sous ce nom dans neuf départements sur les vingt dont on a publié le *Dictionnaire topographique*, dans la collection in-4° du Ministère. Le Nord, le Pas-de-Calais et la Somme n'en font pas encore partie.

Bailleul avait son « Quinquempoix »; c'est là, d'après un titre
du temps, que se dressait l'arbre juridictionnel de la seigneurie, sur la hauteur en venant d'Arras[1].

Plusieurs Bertoul de Bailleul se sont succédé au XIIIe siècle.
Le premier est le plus connu; déjà chevalier avant 1225, il nous
a laissé diverses chartes comprises entre cette date et 1240[2].
C'est vraisemblablement à son fils, encore vivant après 1280,
que la satire attribue des droits sur le nouveau moulin.

Bertoul a pour concurrents deux outres gonflées de vent,
« me sire Gilles Dolehaing », — lisez « d'Olehaing[3], — et le seigneur de Nédoncel. L'un est aussi vide que l'autre :

> v. 81. N'a fors que vent en son boucel,

c'est-à-dire « dans le ventre », dérivation et métaphore qui
s'expliquent aisément, surtout en tenant compte de la conson-
nance avec « bouc » du néerlandais « buc, buyc = ventre[4] ».
Il n'y a donc pas lieu de rattacher « boucel » à « bourse » au

1. « Lettres de Jehan de Baillœul, escuier, sires de Pietre, en date de
l'an mil CCC et IIJ, où est reprinse la vendition d'un fief tenu dudict de
Baillœul... lequel fief se comprend en set mencaudées de terre labourable
gisant au camp qu'on dit *La fosse Amoury*, joingnant au chemin qui
maisne d'Arras à Hennin-Liétart, entre l'arbre de Quiquempoix et
Baillœul, tenant à la terre Jacquemart le Ricque. » — Arch. du Nord, *Ch.
des Comptes*, papier non inventorié où sont analysés sur deux feuilles les
titres des fiefs tenus du gaule de Boubers qui dépendent du Pont-Levich à
Saint-Laurent.

2. Voir les additions au *Cartul. de Saint-Vaast*, ms. de l'Évêché
d'Arras, n°s 475, 476, 598, 599, 612. — Il est encore cité en décembre 1242,
Inv. de la Chambre des Comptes de Lille, n°s 746, 747.

3. Olehaing, aujourd'hui Olhain, est une dépendance de Fresnicourt,
arr. de Béthune, canton d'Houdain. Nédoncel (Nédonchel), arr. de Saint-
Pol, canton d'Heuchin.

4. Les chartes du Trésor d'Artois (*Inv. somm.*, A, 323 et 347) offrent
deux mentions de « boucheaux de cuir » en 1314 et 1329, à joindre aux
autres exemples du mot déjà relevés dans les dictionnaires. Sur l'étymo-
logie, voir Littré, au mot BOTTE, 3, et La Curne, au mot BOUCHAUS, note 4.
Pour le sens métaphorique, comp. dans le *Jeu de la Feuillée*, v. 242 :

> Chascuns est malades de chiaus,
> Par trop plain emplir lor bouchiaus,
> Et pour che as le ventre enflé si.

moyen d'un « bourcel » pris métaphoriquement, comme l'indique le *Glossaire*.

Non moins sérieux sont les titres de Mathieu de Trie :

v. 88. De soufler onkes ne detrie.

Mathieu est, selon toute vraisemblance, le comte de Dammartin mort vers 1275[1]. Notons cependant qu'en 1278, au tournoi de Ham, un homonyme, son proche parent, déjà connu en 1276[2], rompait des lances en compagnie de plusieurs des personnages mentionnés ici même : Gérars de Chanlle (Chaulnes), Gilles de Neuville avec ses deux frères puînés, et le châtelain d'Arras[3].

Ce châtelain, qualifié de « cardonaus », facétieusement sans doute pour « chardonnier[4] », — il s'appelait Bauduin, surnom de l'âne[5], — aspire à dresser le moulin sur le faîte de la prison d'Arras, dont il est le gardien féodal :

v. 107. Que c'est un lius u sovent *hille*,

onomatopée à double entente, rappelant d'une part le bruit du vent, flamand « huylen[6] », de l'autre les hurlements et les cris des prisonniers, « uller, huller ».

Et dans une chanson satirique du xiii° siècle contre les moines noirs, citée par P. Paris, *Hist. litt.*, XXIII, p. 820 :

Et emplent sovent lor bouciaus
De pain, de vin, de cras morsiaus.

1. P. Anselme, *Hist. généal.*, t. VI, p. 653.

2. Léopold Delisle, *Restit. d'un volume des Olim*, n° 260.

3. Fr. Michel, *Roman de Ham*, pp. 272, 278, 307-311, 359.

4. Sur ce thème équivoque, « chardonax » et « chardons », Gautier de Coinsi avait déjà brodé toutes sortes de variations, qui ne remplissent pas moins de vingt vers de son poème *De sainte Léocade*. — Méon, *Fabl.*, I, p. 299.

5. Pièce XVII, v. 75 : Ausi com asnes bauduins (baudet)
Se doit servir li Auduins.

De même, pièce XXII, v. 159 :

Ermenfrois sera li mausniers
Et sires Bauduins asniers;
Çou est droiture de molin
Manoir i doivent bauduin.

6. « Den windt huylt in de schouw, » le vent siffle dans la cheminée.

Une autre maison, où le « vent » souffle en tempête, est celle
de Neuville-Vitasse. Le poète ne tarit pas dans ses quolibets
contre cette dynastie seigneuriale, où les aînés se succédèrent
si longtemps sous le prénom d'Eustache (Witasse), tandis que
le cadet portait non moins régulièrement celui de Gilles. Une
fois cependant, de 1248 à 1255, on voit la série des Eustache
interrompue par un Gilles, seigneur de Neuville. Est-ce lui
personnellement que vise l'allusion, est-ce son second fils ?

> v. 133. Ghille et Ghillains et Ghiluis
>   Ce sont cil ki wardent sen huis.

Le jeu de mots n'est pas douteux; c'est là tout ce qu'on peut
affirmer.

La verve satirique de l'auteur se complaît à ce genre d'équivoques, dont il abuse. L'énumération suivante des soi-disant
vassaux de Neuville en offre un nouvel exemple :

> v. 113. Cil de Blangi, de Mentenai...
>   Losinghehem, cil de Fauvain
>   Ki loiauté moustrent en vain,
>   Cascuns aporte grant faussart...

L'*Index* a pris « Losinghehem » pour un nom d'homme ;
c'est une commune voisine de Lillers. Il interprète « cil » par
« celui » ; le mot est ici pluriel : « ceux » de Blangy, de Lo-
zinghem, de Maintenay, sur l'Authie, village et prieuré que la
différence d'orthographe a seule pu rendre introuvables.
Quant à Fauvain[1], on pourrait à toute force y voir Fevin,
aujourd'hui Febvin, canton de Fauquembergues.

Cette fantaisie topographique a d'ailleurs pour unique objet
de servir de prétexte à de nouveaux rébus sur l'hypocrisie, la
fourberie, la duplicité du personnage en cause[2].

---

1. C'est le nom de « la fausse asnesse » qui porte dame Guile, dans
Renard le nouvel. De même que « guile », « fauvain » devient le synonyme de fourberie, hypocrisie. V. *Index*, **Fauvain** et **Mentenai**.

2. *Blandiri, blandus* ont donné en roman les verbes « blandir, blander,
blangier » ; les noms « blande, blandie, blanderie, blange, blanche, blan-

Après l'avoir exécuté, l'allégorie fait défiler devant nous les autres concurrents et les fustige au passage. Dans le nombre, quatre se sont récemment signalés[1]

> v. 161. A la grant feste a Harponliu.

Cette localité, dont l'*Index* n'a pu trouver trace, est une dépendance de Dourges, canton d'Hénin-Liétard. La seigneurie en appartenait alors à Robert de Wavrin, fils de Hellin et d'Isabeau de Béthune, branche cadette des sénéchaux de Flandre[2].

Une grande fête plénière y avait été criée, on ne sait à quelle occasion. Nos bourgeois s'y rendirent; ils furent brutalement assaillis, plusieurs même culbutés dans les douves du château par les chevaliers, qui

> v. 167. Tenoient grans bastons et lons,
>   Dont il froient sour les crepons
>   Et par mi testes et par bras
>   Les vilains, les bourgois d'Arras.

D'après le *Glossaire*, les coups auraient porté sur la

cherie » ; les adjectifs « blans, blande, blanche ». La dérivation rencontrant en chemin notre autre mot « blanc », celui-ci de provenance germanique, il y eut confusion, le nom de couleur se trouvant correspondre phonétiquement à l'idée de flatterie et de fausseté du latin. Mais si cette homophonie prête aux jeux de mots, elle n'établit pas un rapport de filiation entre des idées qui n'ont rien de commun. Il n'y a donc pas métaphore, mais équivoque. De même que Blangi fait penser à « blangir, blangier *blandiri*, » Mentenai à « mentir, *mentiri* », Losinghehem à « losengier ». Fauvain à « faux » et « vain »; de même « blanc, blanque » rappellent « blans, blande », *blandus :* ce sont des calembours. — Voir *Index*, au mot **Blangi**, *Glossaire* au mot **Blanc**. Cf. XXII, 45, 108, 153.

1. Hugues Fretel, chevalier (v. 151) confirme, par acte de mars 1279, un échange de terres encloses dans le manoir de Ransart. — Arch. de Pas-de-Calais, *Cercamp*, Demay, Sceaux d'Artois, n° 311.— Pierre de Maneincourt, chevalier (v. 153), Marguerite, sa femme, et Robert, leurs fils, sont cités en 1275 dans un acte des *Olim*, t. II, p. 72. — Manancourt, Somme, arr. de Péronne, canton de Combles.

2. F. Brassart, *Une vieille Généalogie de la maison de Wavrin*, pp. 26, 27. Douai, 1877, in-8°.

« nuque » ; de nombreux exemples permettent d'attribuer à
« crepons » un sens diamétralement opposé[1].

> v. 172. La n'orent il pas de bras joie
>   Jakes li Noirs et Jakes Joie.

« Joie de bras » est resté inexpliqué[2]; la glose « accolées »
dont cette expression est suivie, v. 97, la fait suffisamment
comprendre. On disait de même « fête de bras, soulas de bras »
pour embrassades[3].

Nous avons vu plus haut (XIV, 57) que Jacques le Noir était
mort à la fin de l'année 1261 ; la composition de la pièce serait
donc antérieure à cette date. Jacques Joie cité plus loin (XVII,
100 et XXIV, 115) mourut vers la fin de l'année 1270.

Corrections: v. 10, reporter le point et virgule à la fin du vers
suivant; v. 48, « le pieur » — *li pieur;* v. 84, « c'ainques » —
k'ainques ; v. 148, « u que je voie » — *u que je soie.*

Pièce XVII, p. 71. —Que chacun fasse silence! Le ménestrel apporte une grande nouvelle : sachez qu'on va instituer
dans Arras une confrérie d'Auduins, autrement dit des maris
domestiqués.

En dehors de l'équivalent assez ambigu du *Glossaire,*
« mari débile », M. Jeanroy ne donne sur ce vocable aucune
indication philologique; l'origine en reste inconnue. Scheler
l'a relevé sous la forme « aduin » dans le conte de *La Veuve,*
où il est synonyme de « doux, pacifique[4] ». C'est là vraisemblablement le sens propre du mot; car, pour emprunter la
définition appliquée ici à l'un d'eux, l'Auduin

> v. 99. Çou est uns hom qui het bataille.

De cette nature apathique et débonnaire le mariage a fait
un inverti,

> v. 50.   Li Auduins ki n'est mie hom.

1. V. les *Dict.* de Godefroy et de Littré aux mots CREPON et CROUPION.
2. Glossaire, au mot **Bras.**
3. La Curne de Sainte-Palaye, *Dictionn.,* au mot BRAS.
4. *Trouv. belges,* I, p. 241, vers 494, et note, p. 348.

La femme commande en maître, il est l'esclave. Se plier à
ses humeurs, la choyer dans ses migraines, lui servir de page
et de dame d'atours ; et puis opposer la patience de Job à ses
emportements, le silence aux invectives, l'inertie aux horions,
telle est en substance la règle des Auduins, dépouillée des développements humoristiques qui font le sel et l'enjouement de
cette fantaisie.

Dans un passage, l'intervention conciliatrice de saint Tortuel
nous reporte en arrière à l'amusante fiction de Jean Auris :

> v. 60. Et quand il voit la dame lie
> Par le vertu saint Tortuel
> Ki maint preudome fait muel,
> Dont set il bien k'il pora vivre
> Quant il le sent un petit ivre.

« Faire muel, » c'est rendre muet, c'est-à-dire, en parlant
de l'ivresse, paralyser la langue. « Faire le muet, — faire des
contorsions, des gestes ridicules » — serait tout autre chose;
mais le texte ne nous paraît guère susceptible de cette interprétation suggérée par le *Glossaire*.

> V. 65. On doit bien sen preudome amordre
> Qu'il aïut le buee a tordre,
> Mais que ce soit sans recincier
> Que ne li tourt a reprovier.

Que signifie « aider à tordre la buée pourvu que ce soit sans
recincier (rincer) » ? Si l'on pense qu'il y a nécessairement
une liaison d'idées quelconque entre ces vers et le paragraphe
au-dessus, dont ils sont la suite, il faut bien admettre que
l'une au moins de ces deux opérations du lessivage, « tordre »
et « recincier », doit être prise ici dans un sens détourné la
rattachant à la bouteille. Je paraphraserais donc : « On doit
bien l'amadouer un peu, ce brave homme, pour qu'il aide à
tordre la buée[1]; mais qu'il n'essaye pas de rincer — son gosier,
— ou gare la mercuriale. »

---

1. On peut se demander si « tordre la buée » n'est pas un autre jeu
de mots, « buée » prêtant à équivoque avec « bevée » buvée, buverie. On

Toujours est-il que, sous le joug de son tyran domestique, l'Auduin se voit peu à peu réduit à la seigneurie grotesque du pétrin, y compris ses accessoires,

> v. 70. ....sa paniere
> Et cuerbille et rastiere et mait.

En vertu de cette suprême prérogative, il peut maintenant prétendre aux honneurs de la mairie.

Le premier titulaire de l'emploi sera naturellement le fondateur de l'association, Bernard Harduin, bourgeois d'Arras, inscrit en 1260 parmi les obligataires de la ville de Montreuil-sur-Mer[1]. A ce renseignement biographique s'ajoute l'indication suivante :

> v. 80.   C'est cil qui gist tous jors al tan.

Était-ce donc un tanneur que ce prétendu chef de corps, ou bien ne serait-il autre chose qu'un mari « tanné[2] »? Pas plus tanneur assurément que son confrère Huelart Louchart[3] n'est poissonnier d'eau douce ou meunier, bien que dans son ménage abondent les « tenches », et qu'avec « l'asnage de Blangi » il cumule « la mouture de Puignel ». Les allusions personnelles, voilées sous des jeux mots, font de ces fantaisies satiriques un tissu d'équivoques :

> v. 82. A grans caretes et a cars
> Viennent tences a sa maison[4] ;
> Il fu nés en cele saison.

comprendrait alors : « S'il arrive que le caprice de sa femme en liesse associe l'Auduin aux joies de la bouteille, qu'il en use avec discrétion (sans recincier), s'il veut éviter une algarade. »

1. J. de Laborde, *Layettes du Trés. des Ch.*, t. III, p. 545, col. B.

2. Sur le sens figuré de ce mot au xiiie siècle, voir dans Littré Tanner, à l'historique.

3. Huelart ou Huelos Louchart paraît être Hue Louchart, échevin en avril 1265, d'après un chirographe de l'hôpital Saint-Jean-l'Estrée, mort à la fin de l'année 1272.

4. Équivoque sur « tence », dispute, et « tence », *tinca*, tanche. poisson. Le vers suivant tire de ce calembour l'horoscope rétrospectif du personnage.

> Il a conquis par iretage
> Cascun jour de Blangi l'asnage[1]
> Et s'a de Puignel le meuture
> U il prent toute se peuture.

Bête de somme et coups de bâton, telle est la devise de l'Auduin.

A cette même enseigne symbolique vont être logés les autres confrères, Hancard de la Warance[2], André le Maire[3], Mathieu de le Piere[4], Jacques Joie[5], Robert le Clerc[6] qui sera leur

1. Le *Glossaire* confond l' « asnée », *asinata*, avec l' « asnage », *asnagium*. Le premier mot représente, comme mesure, la charge normale de l'âne ; le second se rapporte à l'exploitation de son travail par l'ânier et désigne le droit que celui-ci paye en retour au seigneur du moulin ou à ses tenanciers . Mais « l'asnage de Blangi » n'est ici qu'un prétexte à jeux de mots; on y sous-entend la servilité obséquieuse de l'Auduin, bien mal récompensée par « la mouture de Puignel » — nom qui rappelle *pugnus* et *pugna,* comme Blangi *blandiri*, avec leurs dérivés. — Il n'en est pas moins réel que, des vingt-trois moulins alors possédés par Saint-Vaast, il y en avait quatre à Blangy sur la Scarpe. Les tenanciers de l'abbaye livraient les ânes et percevaient l'« asnage ». Le moulin de Puignel était voisin de la porte de Puignel, sur le Crinchon *extra-muros*. Il faisait partie du « pouvoir » de La Vigne, fief mouvant de Saint-Vaast et possédé par l'avoué d'Arras, seigneur de Béthune. Au xvᵉ siècle, c'était un moulin à huile (Arch. comm. d'Arras, *Reg. mém.*, VII, fᵒ 16 rᵒ, mai 1428. Ibid., *Cartul.*, C, p. 146, sept. 1472). Sur les moulins de Saint-Vaast et leur régie au xiiᵉ siècle, voir Guiman, *Cartul.* (éd. 1875), p. 198, 143, 246, 247, 249, 320, 321, 331, 332, 340, 346, et supplément au codex de l'Évêché, nᵒˢ 616, 621.

2. L'absence de prénom ne permet pas d'identifier ce bourgeois de la Warance (aujourd'hui des Trois-Visages), rue ainsi nommée d'une teinturerie de « bouillon ».

3. Voir p. 20, note 3.

4. Mathieu de le Piere, un des huit sergents héréditaires de la rivière de Saint-Vaast, figure à ce titre dans une douzaine d'actes, dont dix chirographes originaux, depuis 1254 jusqu'en février 1270. Il mourut cette année avant le mois de septembre, deux ans avant Jean Bretel, son collègue. Il laissait une fille et un fils clerc, nommé Jean, qui alla en Pouille. Arch. du P.-de-C. *Saint-Vaast*. Prévôté des eaux. Bibl. comm., ms. 316, p. 261, 281. Arch. hospit. *Saint-Jacques*, chirogr. Sa maison, rue As-Têtes (de la Charité), est mentionnée dans les *Hostagia* de 1261, fᵒ 19 rᵒ.

5. Mort à la fin de l'année 1270. Cf. pièce XVI.

6. Robert le Clerc est porté au *Nécrologe* de la Confrérie des jongleurs en

doyen: maris tancés, tannés, pilés, déplumés¹, battus, résignés quand même, sinon contents.

Ainsi constituée organiquement, il ne manquait plus à la confrérie que la sanction apostolique. Un délégué est déjà parti pour Rome, d'où il rapporte, en guise d'indulgence, un talisman infaillible contre les violences conjugales.

Il suffira dorénavant que, chaque soir, le mari frictionne dévotement le gros orteil de sa compagne, pour que celle-ci soit tenue en conscience de lui épargner les sévices du lende-demain, et ce, sous peine d'être privée de la sépulture ecclésias-tique. Ainsi décrété en plein synode :

> v. 107.   Li clergié bien s'i *assené*
> S'ont concorde en lor plain *sené*...

Pour rendre le vers intelligible, M. Jeanroy propose la variante « bien s'est assené », — sans *s* final, non plus qu'à « clergié » (?). La phrase se comprendra mieux d'elle-même en lisant et ponctuant :

> Li clergie bien s'i assène ;
> S'ont concordé en lor plain sène

A propos de ce dernier mot, que le *Glossaire* explique à tort par « sénat », notons que le « senne » ou synode épiscopal d'Arras et la foire du « senne » en Cité sont rappelés dans une foule de documents. L'un et l'autre se tenaient en octobre, le mardi après la Saint-Denis².

1272, vers la fin de l'année. Est-ce l'auteur des *Vers de la Mort?* L'hypo-thèse n'est pas invraisemblable, mais elle ne repose que sur l'homonymie; or, « le Clerc » était à cette date un nom bien impersonnel.

1. Vers 101.   Cinc keues a en sen buvet,
c'est-à-dire cinq mèches, ce qui lui reste de cheveux après tant d'assauts. Ce vers a pour pendant :   Plus est pilés c'uns pois baïens.
Cf. XVIII, v. 174.   Sovent li fait teste emmellee.

2. « Le mardi après le saint Denise ke li sennes est a Arras. » — Arch. de l'hôp. S.-Jean, Chirogr. Nov. 1278. — « Es jours de l'Assumption, Nati-vité N.Dame et le jour du senne. » Arrêt du parl., 23 mars 1344, v. st. — « Es jours synodaulx et que le senne siet chascun an en ladite église. »

Les éléments chronologiques de la pièce en font remonter la composition avant mars 1260. Nous savons en effet qu'un des bourgeois d'Arras cité plus haut, André le Maire, créancier de Calais en 1257 et 1258, n'existait plus deux ans après[1].

Errata : v. 46, « Ce n'est pas tort » — *tors;* v. 57; « a sen mengier » — *mengnier;* v. 79, « Por çou est il maires » — *ert il;* v. 103, ms. « en est diiens » — corr. *en ert diiens;* 104, c'un pois —*c'uns pois.*

Pièce XVIII, p. 174. — L'Empire et la Papauté sont en guerre. Le parti de la discorde soutient l'envahisseur ; ceux qui veulent la paix déplorent amèrement qu'un tel scandale soit donné par les seigneurs du monde, eux qui devraient, maîtres impeccables,

> v. 17. [Nous] ensegner a faire bien,
> Et ce sont cil ki n'en font rien.

Et le ménestrel de conclure que, puisqu'il s'attaque à Rome, l'empereur n'a ni foi ni loi et ne songe qu'à abattre la chrétienté.

La gravité de ces réflexions sur les affaires du temps ne laisse guère soupçonner que, dans la pensée de l'auteur, elles doivent servir d'introduction à une satire folâtre contre des célibataires endurcis.

La transition est aussi plaisante qu'inattendue.

Pour maintenir ses droits et résister aux ennemis qui l'assiègent, le pape aura sans cesse besoin de nouvelles recrues; donc il convient d'encourager le mariage et de combattre le célibat,

Arrêt du parl., 3 avril 1399.— « Au jour que l'évesque dudit lieu a accoustumé de tenir son senne, qui est une fois l'an, le jour de mardi prochain après la feste S. Denis ou mois d'octobre. » — Lettres de Louis XI, Tournai, févr. 1463, v. st. — Arch. comm. d'Arras. Orig. *Inv. chron. des Chartes*, Doc. CXLV.

1. Arch. du Pas-de-Calais, *Trés. des Ch. d'Artois*, A, 13, 2 sept. 1257 et 1 mars 1258. — A, 14, 1 mars 1260.

> v. 37.   P̈or le pule croistre et haucier
>   *Qu'il'* aidera a essaucier
>   Sainte Glise...

En conséquence, les cardinaux ont décidé que les unions, jusqu'ici canoniquement prohibées au quatrième degré, seront désormais permises « en tierc point », c'est-à-dire au troisième[2].

Sawalon Doucet, Thibaut Amion, Sawalon le Borgne en sont ravis[3], ils vont voir enfin se réaliser leurs rêves. Heureux

1. Lis. avec le ms. « Qui aidera ».

2. Ces degrés se nommaient : 1° cousin « frairin » ou germain, 2° cousin « en autre » ou second, *in altero gradu*, 3° cousin « en tierc », 4° cousin « en quart ». — V. Du Cange, *Cosinus*; Roisin, *Coutumes de Lille*, p. 107; Giry, *Hist. de Saint-Omer*, p. 473, preuves, XCII : « Déclaration pour le Zoeve (Zoene) de mort de homme ». Cf. ci-devant pièce V, 70 : « Vous estes mes cousins en autre », inexpliqué au *Glossaire*, **Autre**.

3. Sawales (et non « Sawalés ») Doucés mourut avant février 1266. *Très. des Ch. d'Artois*, A, 15).

Dans les noms « Sawales — Sawalon, Waghes — Waghon, Hates — Haton, etc. », latin *Sawalo, Wago, Hato*, comme dans « Hughes, Hues » de *Hugo*, la syllabe finale du cas sujet est atone. Cf. « Sawales » à la rime, XIX, 62, et « Soales » li Borgnes ci-après, même note.

Les Thibaut Amion se succèdent pendant trois générations, sans qu'on puisse voir dans ce prénom la preuve d'une descendance directe, car l'un d'eux est cité en 1271 comme fils de feu Rikier (*Mém. pour Briois*, preuves, I, p. 15). Le premier Thibaut mourut à la fin de l'année 1250. Le second était en 1261 propriétaire voisin de Rikier — du *Jeu de la Feuillée* — dans la rue Saint-Jean-Ronville (*Hostagia*). Le troisième était homme du comte d'Artois en septembre 1280 (Arch. du Nord, *Abb. des Prés*, orig.) et en 1286 (*Très. d'Artois*, A, 32). Il mourut en 1313.

Un premier Sawalon le Borgne mourut en 1248, un autre en 1254 (*Nécrologe*). Peu de temps auparavant, figure en qualité d'échevin, dans un acte du 1er juin 1252, « Soales li Borgnes li jouenes », vraisemblablement fils du précédent et le personnage de cette satire (Arch. hospit. *Saint-Jacques*, chir. orig.). Marié avant oct. 1258 à la fille de Jean Cosset, il entretenait à cette date des relations financières avec Marguerite, comtesse de Flandre, en compagnie de Barthélemi le Borgne (son frère?), « fils de feu Sawalon » et de Barthélemi Verdière dont il sera question plus loin (Godefroy, *Invent. Ch. des Comptes de Lille*). Il mourut avant 1276, laissant entre autres enfants un fils Sawalon, qui siégeait comme homme du comte aux plaids de 1286.

Nous ne savons quelle place faire dans ces aperçus généalogiques à Sagalo *Strabo*, dont la veuve, Marie Gervaise, fonda, en 1270, une chapellenie

Gilles le Noir et Baude de Pas[1], si cette loi eût été promulguée plus tôt! Ils ont plaidé en vain : leurs mariages sont nuls — et leurs bourses vides.

Ce n'est pas tout : le sacré collège vient de faire signifier aux célibataires de quarante ans et plus qu'ils aient à se marier dans l'an; sinon ils devront, le délai expiré, rejoindre l'armée du pape.

Et le poète dresse aussitôt les rôles de ce contingent fantaisiste, en décochant à chaque nom toutes sortes d'épigrammes, dont les sous-entendus menacent de rester lettres closes pour les commentateurs.

Voici d'abord Jacques et Heuvin de la Capele[2], deux célibataires irréductibles, bien résolus à « aller en l'ost », où ils porteront « blance baniere » et crieront « Wailli » comme signe de ralliement.

« Blance » bannière s'explique, c'est une équivoque courante[3]; mais « Wailli », qu'est-ce à dire[4] ?

au Couvent-le-Roy, béguinage *extra-muros* aux environs de la porte Saint-Nicolas-sur-les-Fossés (B. N., lat. 17737, *Cartul. des chapellenies*, f° 94 r°).

1. Le *Nécrologe* des Jongleurs enregistre en 1238 un Baude de Pas, dont il ne peut être ici question. Celui dont les *Hostagia* de l'église Notre-Dame font en 1261 le copropriétaire d'une brasserie en Haiserue, pourrait bien être le nôtre. M. Guy l'identifie avec un Baude de Pas (échevin de la rue des Maus en 1290 — Arch. du P.-de-C., *Saint-Vaast*), dont la veuve se remaria en 1297 et racheta alors du comte d'Artois l'héritage de son mari bâtard. D'où M. Guy conclut que, puisqu'il y eut mariage, l'union, d'abord annulée pour cause de proximité, avait dû être légitimée depuis. Nous ferons observer que le raisonnement ne vaut que s'il s'agit de la même femme, ce qu'il faudrait prouver. Si on le suppose, il en résultera que la convolante devait être septuagénaire, puisque notre satire est antérieure à 1250. Ne serait-il pas plus vraisemblable de faire de ce bâtard le représentant d'une troisième génération, et, si l'on veut, le fruit illégitime du mariage annulé?

2. Noter pour mémoire un Helvinus de Capella à l'obituaire de N.-D. 3 févr. — Bibl. d'Arras, ms. 740 — et *Nécr. des Jongl.*, 1242.

3.   « Dame ceus qui sont faus dedans
           Et blans dehors ne creez mie ;
           Leur parole n'est fors que vens. »

Chans. de Math. de Gand. — Scheler, *Trouv. belges*, I, p. 131. Voir pièce XVI, p. 13, note 2.

4. L'*Index* rattache le mot **Wailli** au cri de guerre des Angevins «Valie»,

Hellin Audefroi prend la même décision, ainsi que le frère de Warnier, Jean le Cras, qui s'associe pour cette campagne avec Henri au Pié : l'un sera le payeur, l'autre le fourrier[1].

Bertoul Verdière devait suivre leur exemple[2]; il a tourné casaque et déclare maintenant à qui veut l'entendre,

> v. 147.   K'awan marier se vaura
> Le nom de Witart se taura.

« Awan » voulant dire cette année, la phrase finit avec le vers et demande un point et virgule. Quant à « witart » (sans

d'après une citation de seconde main sans référence. Elle est tirée du *Roman de Rou* (éd. Pluquet, I, p. 238). Les deux mots n'ont d'ailleurs aucun rapport. Sur l'origine du dernier, voir *Gaydon* (éd. Guessard et Luce), v. 2197, 3943, 4983, 8231, et l'article de P. Paris dans l'*Hist. litt.*, XXII, p. 238. Notre satire XXII, v. 34, rapproche Wailli de Mentenai, dont il semble avoir le sens équivoque. D'autre part, les *Vers de la Mort* font allusion aux « gens qui Wailli ont acensie », périphrase désignant des fourbes fieffés.

1. Le *Nécrologe* enregistre Hellin Audefroi en 1257, Warnier le Cras en 1258, un premier Jean le Cras en 1262, un second en 1272. Jean le Cras possédait en 1260 une rente viagère de 50 liv. sur la ville de Montreuil (J. de Laborde, *Layettes du Très. des Ch.*, t. III, p. 545). Par lettres de l'évêque d'Arras, du 3 nov. 1221, *Warnerus clericus, qui cognominatur Crassus, et filii sui Gerardus, Johannes et Colardus, cives Atrebatenses*, rendent une terre qu'ils tenaient à Courcelles (B. N., Moreau, Chartes, vol. 189). Ce même Warnier, clerc, intervient en janvier 1253 dans le placement d'une somme donnée par lui à la cure de la paroisse de Sainte-Marie en Cité (B. N., lat. 17737, f° 66 r°). En novembre 1259, il donna au chapitre des terres à Agny (*Livre des chapelains*, ms. de l'Évêché). Son obit est inscrit au 19 mai, date conforme à l'indication du *Nécrologe* (Bibl. d'Arras, ms. 290).

2. Bertoul Verdière, déjà cité dans une précédente note, à propos d'un acte de 1253, et plus haut, pièce XVI, possédait en 1261, divers immeubles au Val-Saint-Étienne et en Héronval. Le *Nécrologe* l'inscrit en 1266. Le premier *Cartul. de Flandre* (Arch. du Nord) mentionne une quittance donnée par la comtesse de Flandre à ses exécuteurs testamentaires, le jeudi après Pâques 1266(?) Il est de nouveau question de ces exécuteurs en 1274 et 1279 (Godefroy, *Inv. d'Artois*, p. 435 et 493). Les douzains CIV et CV des *Vers de la Mort* roulent sur Bertoul, ses usures, sa maladie et son testament. Ces indications précisent la date du poème.

majuscule), c'est un mot de signification et d'origine obscures;
il paraît être ici l'équivalent de « garçon « (célibataire[1]).

Jacques Fastoul imitera son exemple[2] :

> v. 154.　Mais lues ke mariés sera
> 　　　　　Paier li convenra l'andoulle:
> 　　　　　Jou ne le senc pas a si doulle
> 　　　　　K'au paier ne truist compaignon.

« Payer l'andouille » se rapporte sans doute à quelqu'une
de ces amendes burlesques imposées par le « seigneur des
Chétifs », ou toute autre juridiction joyeuse de même nature,
aux jeunes gens nouveaux mariés, coupables de manquements
prétendus aux règles du code matrimonial. On a compris
autrement; mais le sens graveleux auquel pourrait prêter
l'expression semble ici peu vraisemblable[3].

Raoul Augrenon, le frère de Bauduin[4], ne partira pas davantage, l'instinct belliqueux lui manque,

> v. 160.　Et, s'il prent feme, bien afiert
> 　　　　　Que il de li soit auduins.

---

1. On trouve ce mot sous forme de sobriquet : « Witars de Tournehem,
fauconnier du roi, » juillet 1282 (*Inv. som. du Très. des Ch. d'Artois*,
A, 28) : «... pour assaillir Jehan k'on dist Witart en se maison à Gouves »
(Arch. du Nord, Compte du bailliage d'Arras, Touss. 1308).

2. Le *Nécrologe* enregistre Jacques Fastoul en 1259.

3. La Curne, *Dict.*, au mot ANDOUILLE.

4. Raoul Augrenon mourut en 1273. Son frère serait le « seigneur Bauduin
Augrenon », chanoine d'Arras, qui, par actes d'octobre 1256 et septembre
1258, devint propriétaire d'une maison en Galeurue, aujourd'hui rue
d'Amiens (Arch. du P.-de-C., *Chapitre N.-D.*, orig.). Cette maison est
reprise à son nom « dominus Balduinus dictus Au Grenon » dans les
Hostagia de 1261, f° 7. Il la revendit en 1268 par acte du 23 avril (B. N.,
Moreau, Chartes, vol. 192, f° 123). Il est inscrit à l'obituaire de N.-D.
d'Arras au 22 nov. (Bibl. d'Arras, ms. 740 et 424) et aussi à l'obituaire de
N.-D. de Lens, dont il fut chanoine (Ms. collect. Dancoisne). Jean Verdière, clerc, acheta en nov. 1282 un manoir à Méaulens, « lequel fu jadis
à maistre Baude Augrenon » (Arch. du P.-de-C., *Saint-Vaast*, chirogr. orig.).
Maître Baude Augrenon est l'auteur d'une chanson d'amour publiée par
Keller, *Romvart*, p. 276. C'est un nom de plus au catalogue des poètes
chansonniers de l'Église d'Arras.

Brunel Doucet, lui aussi, n'avait cure de bataille, et le malheureux a pris femme ! — une femme qui ne songe,

> v. 174.   Fors de faire Brunel mellee :
>   Sovent li fait teste enmell(e)e.

Son prénom était Robert[1] ; « Brunel » n'est qu'un nom de
guerre, dont la rencontre équivoque avec « mellee[2] » prélude
aux calembours des vers suivants :

> v. 179.   Car en festes, en diemences
>   A il deus mès, limes et tences.

On devine aisément que les deux plats de cet ordinaire
conjugal ne sont ni des tanches ni des limandes ; mais des
disputes et des agacements sans fin.

> v. 181.   Espargnier voel un mien ami
>   Ki ier soir se turka a mi[3] ;
>   Il a a non *Waas* li Maire[4].

---

1. « Sacent tout, etc., ke Jehans Mikaingne d'Arras, bourgois de Douay,
a quité et quite clamet Jakemon Doucet ki fils fu Robert Brunel, borgois
d'Arras, etc. » 2 juillet 1271 (Arch. de Douai, FF, 657, chirogr. orig.). —
Cf. « Michel Doucet d'Arras appelé Brunel », juin 1290 (J. de Saint-
Genois, *Inv. Rupelmonde*, n° 532). Le *Nécrologe* inscrit Robert Brunel
en 1267.

2. « Vous qui estiez ung peu brusnel et meslé de cheveulx. » *Prophéties
de Merlin.* — Godefroy, au mot BRUNEL.

3. Le *Glossaire* relève **Turkier** sans l'interpréter. Godefroy renvoie
à TURCHIER qu'il ne donne pas. La Curne traduit : « Passer aux Turcs,
abjurer. » Or, dans tous les exemples connus, ce mot signifie « retourner, se
retourner ». Celui que cite Méon, *Fabl.*, II, p. 404, porte sa glose :
> Li moine noir sont si turqué
> Et ce devant derrier torné.

Dans ce mot, La Curne ne voit que la métaphore ; mais il y a le sens
propre à expliquer. Ne viendrait-il pas du Turc monté sur pivot qui
recevait les assauts des jouteurs aux jeux de la Quintaine ? La volte-face
de ce mannequin expliquerait étymologiquement « turkier » dans ses diverses acceptions.

4. Vaast li Maires est porté au *Nécrologe* en 1271. En 1267, on le voit
associé à Robert Crespin comme créancier de la comtesse de Flandre. Son
sceau (pierre gravée) pend à l'acte (Godefroy, *Inv. chron.*, n° 1486 —
Demay, *Sceaux de Flandre*, I, n° 4496).

Ce célibataire a jeté son dévolu sur une femme experte, telle qu'il faut à un vieux garçon.

Mais comme Vaas se frotte[1] un peu partout, la dame craint la concurrence, et elle ne se décide pas. — Singulière façon d'épargner un ami !

Mathieu le Roi[2] serait marié depuis un mois, si une mauvaise langue ne se fût avisée de dire

> v. 199. K'il ne goustoit de venison
> Et ke si oel ont menison
> Si ke il ceurent trestout hors.

On comprend la lettre, mais quel est le fin mot de ces malices? Il nous échappe complètement.

Enfin, Wike Reveaus[3] affirme, — il n'a d'ailleurs jamais dit vrai, — qu'il ne se mariera pas de sitôt, à moins de prendre Robert de Gore[4],

> v. 213. Car Robert ne veut il cangier
> Car ses *roussoles* veut mangier[5].

L'*Index* et le *Glossaire* s'accordent à voir dans ces vers une allusion à des mœurs inavouables[6]. La métaphore serait

1. C'est ce que « tert » veut dire dans le vers 192 : « Por çou k'il tert partout se queue. » Le *Glossaire* fait suivre **Terdre** d'un point d'interrogation : le sens de « frotter, essuyer, *tergere* » ne peut être douteux.

2. Le *Nécrologe* inscrit Mathieu le Roi à la fin de l'année 1259.

3. Wike Reviaus est inscrit au *Nécrologe* en 1262, vers la Pentecôte.

4. Robert de Gore, d'après le *Nécrologe*, mourut en 1249, vers décembre. Cette date serait décisive, si l'identification était complètement à l'abri des surprises de l'homonymie.

5. La leçon « ronssoles » est certaine ici, et très probable ci-dessus, I, 41. Le *Nécrologe* inscrit deux décès sous cette rubrique : 1195 Roissole; 1213 Fasiens roisole. Le mot est écrit « roinssoles » dans Méon, *Fabl.*, I, p. 279, IV, p. 91, et dans Jubinal, *Myst. du XV° s.*, II, p. 404. Jubinal a lu « *Quirre* le moule aux roinssoles » au lieu de « querre » (chercher la quadrature du cercle) et, chose plus grave, il a expliqué « cuire » de façon à tromper la sagacité de P. Paris, qui reproduit de confiance la leçon et la glose, *Hist. litt.*, XXIII, p. 216 (Cf. B. N., ms. fr. 7218, f° 341 v°).

6. Le *Glossaire* au mot **Roussolles** : « XVIII, 214 : sens obscène. » — L'*Index* au mot **Gore** : « Individu de mœurs suspectes. »

bien étrange ! Tout au plus pourrait-elle s'entendre de la participation d'un intime du mari aux faveurs de la dame. Mais il se peut aussi que le trait satirique vise uniquement la camaraderie intéressée d'un parasite ami de la bonne chère. L'une ou l'autre de ces alternatives doit suffire à l'expliquer.

La liste s'arrête là, sur cette réflexion qu'elle serait interminable, s'il fallait y comprendre tous les célibataires d'Arras à marier dans l'an.

A la plupart des noms cités se rattachent des données chronologiques, dates mortuaires et autres, dont l'ensemble permettrait déjà, malgré certaines incertitudes inhérentes à l'homonymie, d'attribuer à la composition de cette pièce une date extrême sensiblement antérieure à celles des pièces précédentes. Mais le texte lui-même nous fournit un synchronisme non moins précis, en rappelant dès le début les guerres de Frédéric II contre Grégoire IX et Innocent IV.

Après avoir exposé et discuté les conditions historiques du problème, M. Guy conclut « que cette satire a été écrite entre 1246 et 1249 », solution qui offre en effet beaucoup de vraisemblance ; et il ajoute « plutôt vers la seconde de ces dates, puisque le poète parle des insuccès de l'empereur (v. 28)¹ ».

Le vers sur lequel M. Guy fonde cette dernière opinion,

Gaaigner cuide et il tout pert,

ne me semble avoir aucun rapport avec les revers éprouvés par Frédéric. C'est une simple réflexion empruntée à l'Évangile de saint Matthieu, et conséquemment d'ordre spirituel².

Peut-être trouverait-on une raison meilleure pour reculer la date de cette pièce, au lieu de l'avancer, dans cette hypothèse que

Et cil qui ne voelent fors pais

renfermerait une allusion aux tentatives infructueuses faites

---

1. Voir l'*Index*, au mot **Apostoile**.

2. *Quid enim prodest homini si mundum unicersum lucretur, animæ vero suæ detrimentum patiatur.* **Matth.**, xvi, 26.

dès 1240, et surtout par saint Louis en 1245, pour réconcilier les belligérants. Cependant le plus sûr est de s'en tenir, pour le moment, à la date de 1249 comme dernière limite probable.

Errata : v. 38, k'il aidera — *ki aidera;* v. 55, k'i s'esjoï — *ki;* v. 74, pieç'a — *piece a;* v. 124, siwent — *sivent;* v. 126, Hellius — *Hellins;* v. 143, Mais un a — *Mais il a;* v. 155, convenra — *couvenra;* v. 143, Waas — *Vaas;* v. 189, Et ligement fu — *fust;* v. 214, roussoles — *ronssoles.*

Pièce XIX, p. 79. — Le monologue satirique prend cette fois pour thème l'indélicatesse professionnelle de certains trafiquants d'Arras en laines d'Angleterre[1]. Le jongleur se présente d'abord au public :

> v. 1.   Biau signeur, je ne sui ne sorciers ne devins,
> Semoneres de cors, ne crieres de vins,
> Ains sui li mervilleus, cil qui dist les mervelles:
> Por çou me mande on as festes et as velles.

« Mervelles » et « velles » ont le cachet artésien : le champenois Rutebeuf a rimé, lui aussi, les « merveilles » de ses contes avec leur succès aux « veilles » ; mais il écrit et prononce autrement. Quant au « semoneres de cors », dont M. Jeanroy propose de fairé « un montreur de reliques », c'était le crieur des trépassés, celui qui convoquait aux funérailles[2].

---

1. Nous avons imprimé le texte de cette satire avec quelques commentaires dans une notice sur le *Livre rouge de la Vintaine d'Arras,* lue au congrès des Sociétés savantes et insérée au *Bulletin historique et philologique,* année 1898.

2. Voir *Les crieries de Paris,* dans Méon, *Fabl.,* II, p. 284, v. 145. — « Item, s'aucuns confrères trespasse de ce siècle, que li semonneur » facent semonce d'iestre au corps, les confrères et tous les défalans ki ne » seront as vegilles et à le messe soient deswagiet de V s. toürnois, dont ly » semonneur aront l'un denier, et les autres IIII deniers revenront au pourfit » doudit hospital. » — Statuts de la confr. des pèlerins de S. Jacques de Tournai antérieurs à 1358. *Bull. de la Soc. hist. de Tournai,* t. IX, p. 306. Cf. « Crierrez dès corps qui crie les bans. » Deuxième coutume d'Amiens, § 26, dans Aug. Thierry, *Tiers État,* t. I, p. 161.

Son annonce terminée, l'auteur se fait acteur dans le rôle
d'un Anglais récemment débarqué, que la peur de la guerre et
le souci de créances en péril amènent sur le continent. Quinze
sacs de laine ont été vendus par sa tante à divers bourgeois
d'Arras; ceux-ci renient leur dette. Le neveu va les poursuivre,
et nul ne sera si puissant qu'il

> v. 15.   Ne le face semonre dedens l'*arceveskié*.
>   On dist Jehans Durans en a une *sakié*...

Ce dernier mot choque les vraisemblances; la véritable leçon
est « sakie » encore usité en Artois pour « sachée », la con-
tenance d'un sac. « Sakié » s'est laissé influencer par la rime,
bien à tort, car, à côté d' « arceveskié », il existe une forme
féminine « arceveskie », celle qui convenait ici. L'accent doit
donc disparaître de l'une et l'autre terminaison[1].

Jean Durant marche en tête des débiteurs récalcitrants, dont
vingt seulement sont nommés tout au long dans ce réquisi-
toire. Dix figurent à l'*Index* sans aucune indication personnelle;
les autres y sont très inégalement identifiés. Dans cette pénurie
biographique, les dates mortuaires que le *Nécrologe* rattache
à douze des noms incriminés ne sauraient être un secours né-
gligeable[2]. D'autres renseignements peuvent d'ailleurs venir
s'y joindre.

Sur les crieurs et la crierie des vins à Arras vers la fin du xii⁰ siècle,
on peut consulter Bodel qui les met en scène et reproduit la formule dans
Li jus de saint Nicholai (Monmerqué et Michel, *Théâtre fr. au moyen
âge*, p. 180). Cf. Méon, *Fabl.*, II, p. 282, v. 123. — Les crieurs de vin
étaient des suppôts de l'échevinage et, comme tels, chargés d'amener les
témoins en halle. — Arch. du P.-de-C., *Très. des ch. d'Artois*, A, 127
(1289). Collect. Dancoisne, *Comptes des baillis*. Chand. 1309.

1.   Molt l'onnera tant com veschie.
            Chascun an par l'arceveschie...

Méon, *Fabl. et Contes*, I, p. 271, v. 25. Autre ex., *ibid.*, p. 326, v. 1370.
Cf. « A icel tans le bon evesque Lambert qui fu li premerains evesques
d'Arraz après ce que ceste eveschie fu dessevrée de l'eveschie de Cambrai... ». *Mém. de l'Acad. d'Arras*, 2⁰ série, t. XXX, p. 81. Cf. Du
Cange, *Episcopia*.

2. Ils sont relevés en note un peu plus loin, page 33.

> v. 26.   Et Bernars Harduins, si est Tibaus Reveaus.

Le premier, déjà vu dans la satire des Auduins, ne nous est connu jusqu'ici que par un compte de Montreuil-sur-Mer, où il se rencontre en 1260 avec d'autres bourgeois d'Arras, souscripteurs aux emprunts de cette ville[1]. Le second faisait partie de l'échevinage en 1255, 1261 et 1262[2]. Il possédait alors une maison au « pouvoir » du Jardin, vers le puits de Fromont[3]. Il mourut en 1263.

> v. 27.   Nis Wautiers Naimeri n'i ruis jou deporter
>   S'il ne fait cele laine en maison raporter ;
>   Ja por sen bastoncel ne lairai ne li rueve.

Son « bastoncel » nous révélerait à lui seul les fonctions officielles de Wautier Naimeri, si le poème burlesque XXIII, 168, ne disait formellement :

> Et Wautier Nainmeri, qui fat de bon sargant...

Le « bâton » du châtelain, de l'Église, etc., était une expression courante pour signifier leur juridiction[4], et Wautier Naimeri exerçait une des sergentises de cet office féodal, tout en se livrant au négoce.

> v. 30.   As *cipaves* qu'il fait me mostre bien et proeve
>   Qu'il a de cele laine assés plus d'un pezon:
>   J'en ai le contrepois deriere no lezon.

« Cipaves, » grimaces, doit se lire « cipaues ». On l'a vu cidessus, II, 15, rimant avec « flauwes », et les formes graphiques

---

1. Voir pièce XVII, note 2.

2. Arch. du Nord, *Premier Cartul. d'Artois*, pièce 98. Godefroy, *Invent.*, n° 1111. — Arch. de l'hôpital Saint-Jean-Lestrée, *Saint-Jacques*, chirogr., orig., oct. 1261, et févr. 1262.

3. *Hostagia*, f° 27.

4. *Invent. chron. des ch. de la ville d'Arras*, DOC. CLXXXVI, p. 234.

« chipoe » et « floe », alors concurremment usitées, attestent la
véritable prononciation[1].

> v. 39. Or me covient la jus en l'abie avaler.
> A Henri Huquediu me convenra parler.

Il faut lire « en l'Abie » et comprendre « rue de l'Abbaye[2] ».
Cette rue descendait de celle de la Warance à la porte de Méaulens. C'est là, près du Molinel, que demeurait Henri Huquedieu, dans un manoir patrimonial déjà signalé en 1170[3], et non
dans une maison de l'Estrée, comme l'a supposé l'*Index*[4].

Ce personnage nous est surtout connu pour avoir eu maille
à partir avec le trop fameux frère Robert, l'inquisiteur de la
foi. L'acte relatif à cette affaire nous apprend qu'il fréquentait
les foires de Champagne. Peut-être était-il dans la draperie,
comme semblent l'indiquer ces vers :

> v. 42. Il a le plus naïue de le laine m'antain :
> Bien en puet faire cape por çou qu'il est capés,
> Mais encor n'est il mie de me rime escapés,
> Se je n'ai cele cape qu'il m'a pieç'a pramise.
> Je croi qu'ele est de bure, si est tote remise.

·« Por çou qu'il est capés » est une allusion dont le sens reste
obscur. Le mot de l'énigme pourrait bien être une de ces équivoques coutumières à l'auteur, comme celles du dernier vers,
où « bure », étoffe, qui s'entend aussi « beurre », correspond à
« remise » dans sa double acception de « différée » et « fon-
due[5] ». Il est plaisant, par parenthèse, de voir l'acteur en scène

---

1. Le *Glossaire* fait dériver **Flauwe** de *Fabula ;* c'est un mot germanique, « flau » faible, ainsi qu'à la fin du siècle dernier le constatait déjà
J. C. Adelung, *Wörterb. des hochdeutsch. Mundart.* — Cf. J. u. W. Grimm,
Wörterb., à ce mot.
2. Voir pièce XVII, note sur le mot *Warance*.
3. Guiman, *Cartulaire de l'abb. de Saint-Vaast*, p. 201.
4. Aux mots **Bouteillier** et **Huquedieu**.
5. « Et la cire remise qui sorondera de la chandoile... » *Mém. de l'Acad.
d'Arras*, t. XXX, *loc. cit.*

interrompre son rôle, pour réclamer, comme trouvère, le manteau qu'on lui avait promis et qui n'est jamais venu.

Ajoutons pour dernier renseignement que Henri Huquedieu mourut en 1272, vers la Pentecôte.

Cette liste des vingt débiteurs nommés se complète de quelques autres trafiquants, dont chacun est désigné, soit par sa fonction, soit par un prénom qui aujourd'hui ne nous dit rien :

> v. 49. Et un vallet i a, que ne vos os nomer.....
>   Par deus v et un i je crois ses noms conmence ;
>   Deus elles a et *une* emme *et [une]* esse mès.

« La réunion de ces lettres, » dit M. Jeanroy, « forme *Willms*, abréviation de *Willaumes*[1]. C'est bien le sens en effet, mais il n'y a pas d'abréviation ; le mot est écrit tout au long et le ms. l'épelle ainsi :

> Par deus v et un ı je croi ses noms conmence ;
> Deus ELLES A et v EMME E esse mes.

Nous n'en sommes pas mieux renseignés sur ce Willaume, dont la personnalité flotte dans le vague des hypothèses[2].

On en peut dire autant de

> v. 62. Me sire Bauduïns et me sire Sawales,

deux parents énigmatiques d'un maire d'Arras anonyme[3]. Ce magistrat lui-même n'est pas complètement à l'abri des insinuations malveillantes : on trafiquait si outrageusement dans son entourage !

Mais que penser d'un archidiacre d'Ostrevant qui s'en va compromettre l'Église dans des spéculations louches sur la laine

1. *Chans. et Dits artés.*, p. 81, en note.

2. Peut-être Guillaume Faverel, cité dans la pièce XXII, 165.

3. « Me sire Bauduins, li frères le maieur d'Arras, et me dame Ghille se feme » sont nommés dans un acte d'avril 1244 (1245 ?). Arch. du P.-de-C., *Saint-Vaast*, chirogr. orig. — Le maire d'Arras Nicolas, dont nous avons le sceau en 1245, mourut en 1250. Est-ce de lui ou bien de son successeur inconnu qu'il est ici question ? Quant à « me sire Sawales », notons à tout hasard « Sagalo de Attrebato, miles », mentionné dans un acte d'oût 1246 (B. N., lat. 17737, *Reg. des chapellenies*, f° 63 r°).

à ma tante? C'est à juste titre qu'il sera traduit, comme ses coassociés, devant la juridiction compétente au castel de Sotinghehem, *vulgo* Arras[1].

Et le poète de s'étendre avec complaisance sur la description de cette cour symbolique de Soteville en pays de cocagne, dont il fait le domaine de la folie, couronnant ainsi par une allégorie insuffisamment transparente une fiction dont on a peine à démêler la véritable portée satirique.

D'après les données chronologiques, cette composition, comme les précédentes, remonterait au delà de 1260. Si l'allusion du début a trait à la guerre des barons anglais, et c'est le rapprochement qui vient tout d'abord à l'esprit, la date de 1258 s'impose.

Cependant le doute surgit, quand, parmi les noms cités dans la pièce, on en relève six dans les inscriptions du *Nécrologe* compris entre 1244 et 1248[2].Bien qu'on doive toujours compter avec les hasards de l'homonymie, il est difficile d'admettre cette rencontre pour six noms à la fois, dont pas un ne reparaît

---

1. L'*Index* suppose que *Sotinghehem* pourrait bien désigner ici le sous-bailli d'Arras, Guillaume de Hokinghehem : la plaisanterie du texte consisterait à « changer *Hokinghehem* en *Sotinghehem* et à parler de ce magistrat comme du château-fort et du refuge des sots ». Quand même on admettrait la hardiesse de cette figure, l'hypothèse ne tiendrait pas, le sous-bailli en question (1285-1290) étant de vingt-cinq ans au moins postérieur à la composition de la pièce; de plus, la cause ne ressortissait pas à son tribunal. La seigneurie de Hocquinghem, canton de Guines, et celle de Zotteghem au comté d'Alost, Flandre-Orientale, n'ont donc aucun rapport. La dernière doit à son nom équivoque surtout, et peut-être aussi à des allusions qui nous échappent, d'avoir été choisie comme siège allégorique d'une juridiction spéciale dépendante de Saint-Acaire.

Nous ne voyons non plus aucune relation étymologique entre ce patron des fous et le nom de la famille « Acariot, Achariot », qui s'écrivait aussi « As Charios ». — Voir l'*Index*, à ce mot.

2. Voici les douze inscriptions mortuaires relevées dans l'ordre chronologique : Alars Foubers 1243, 3[35]; Wautier Naimeri 1244, 2[31]; Jehan Tenevel 1248, 2[14]; Thomas Raimbert 1253, 3[3]; Martin Veel 1255, 3[18]; Hellin Audefroi 1257, 2[11]; Jacques le Noir 1261, 2[4]; Gossuin de Hees 1261, 2[8]; Raoul le Boutellier 1262, 2[11]; Thibaut Revel 1262, 3[18]; Jehan David 1267, 3[15]; Henri Huquedieu 1271, 3[16]; Wautier Mulet 1274, 1[13].

ultérieurement, ni au *Nécrologe* ni ailleurs. La date ci-dessus semble donc devoir rétrograder d'un certain nombre d'années, quoique peu vraisemblablement jusqu'à la guerre de 1242.

Ce qui tendrait à appuyer cette conjecture, c'est le nom de Bernard appliqué à l'archidiacre ci-dessus visé :

V. 70. S'il cuke¹ de se corne, nus ne l'en doit blasmer,
        K'ainc mais ne vi Bernart ne mouton si cornu² ;
        Je croi de grant sience a il tout sen cors nu.

Or Bernard, archidiacre d'Ostrevant en l'église d'Arras, est cité dans les actes en 1244, 1245, 1248. Son successeur, Mathieu de Gand, était en fonctions en 1253³.

Il est vrai de dire que Bernard, surnom de l'âne, l'archiprêtre du *Roman du Renard*, pourrait n'être ici, comme ailleurs « renard » lui-même (XV, 13), comme « tartufe », qu'une simple appellation générique, applicable par conséquent à n'importe quel archidiacre taxé de sottise et d'ignorance, auquel cas « bernard » devrait prendre une minuscule.

Ce point reste donc indécis jusqu'à plus ample information.

Errata : v. 7, Angleterre — *Engleterre;* v. 8, par paor — *por paor;* v. 27, Nis Wautiers Naimeri — *Wautier Naimmeri;* v. 58, Jes i mesissé tous — ms. *messisse;* v. 73 et v. 78, Signor, Sotinghehem est uns mout bons castiaus — *Sotinghehens;* v. 74, avoec — *avoc;* v. 76, Li carpentiers est fol — *est fols;* v. 78, marqu[e]ans — *marqueans.*

---

1. **Cukier**, c'est « choquer » ; on le trouve répété huit fois au moins dans le *Roman de Ham* (xiii⁰ siècle), publié par F. Michel à la suite de l'*Hist. des ducs de Normandie*. Le mot n'est donc pas entré récemment dans la langue, comme le pensent Littré et Brachet.

2. « Bernart, cornart, mouton cornu », synonymes de sottise :
        Qui plus est sos et bobelins
        Que li moutons sire Belins.

    G. de Coinsy, *Dou vilain charruier*, v. 267.

3. Arch. du P.-de-C., *Inv. somm.*, série A, p. 18, 19, 20, col. B. — Arch. du Nord, *Inv. des ch. de la Chambre des Comptes* (impr.), n⁰ˢ 814, 892, 1075.

Pièce XX, p. 81. — On lit dans le *Renaldus vulpes*, rédaction primitive de notre grand poème satirique, attribuée au XIIe, sinon au XIe siècle :

> Gratia non gratis, quando rogatur, adest[1].

Ce proverbe déjà vieux au temps de Sénèque[2], répété de proche en proche par les moralistes, a traversé tout le moyen âge et même la Renaissance[3]. Le *Roman de la Rose* le recueille au passage et le commente[4]. Nous le retrouvons ici, traduit littéralement sauf l'antithèse :

> v. 62.   N'a pas don pour noient qui roeve.

Sur ce thème classique, un jongleur inconnu, Le Camus d'Arras, dont nous n'avons peut-être que le sobriquet, a brodé un dit ou conte moral, auquel il donne pour héros le marquis de Montferrat, personnage alors renommé pour ses hautes vertus chevaleresques :

> v. 5.   Il est sages et bien *doutés*.

Le ms. porte « dontés », c'est-à-dire bien morigéné[5].

---

1. Éd. F. J. Mone, Stuttgart, 1832, in-8°. — Liv. II, v. 1158, p. 137.

2. « Non tulit gratis qui quum rogasset accepit; quoniam quidem ut majoribus nostris, gravissimis viris, visum est, nulla res carius constat quam quæ precibus empta est. » — *De Benef.*, II, 1.

3. M. Jeanroy le signale dans H. Estienne, *Précell.* (1579) : « Assez achète qui demande. » — *Chans.*, p. 163.

4.   Car bonté faite par prière
      Est trop malement chier vendue
      A cuer qui sunt de grant value.
      Moult a vaillans homs grant vergoigne
      Quant il requiert que l'en li doigne, etc.
          (Éd. Jubinal, v. 5433.)

5.   Je n'ai mie verge cueillie
      Por moi chastoier et donter.
          Méon, *Fabl.*, I, p. 375.

« Doutés », redouté, ne serait pas, semble-t-il, précédé de
« bien, » mais de « moult », « tres », etc.

Le marquis chevauchait d'habitude un superbe destrier lom-
bard. Or il y avait à sa cour un chevalier qui convoitait la
monture et laissait paraître en toute occasion l'ardeur de son
désir, espérant qu'un jour ou l'autre elle lui serait spontanément
offerte :

> v. 15. *Sour* lui moroit de jalousie.
> Il atendoit le cortesie :
> Li cevaus presentés li fust...

La ponctuation du second vers est à supprimer, le sens le
rattachant au troisième par un « que » sous-entendu, sans
lequel on ne s'expliquerait ni « fust » ni la phrase.

Las d'attendre, le chevalier surmontant toute honte demande
le cheval ; le généreux marquis le lui donne aussitôt.

Le voilà donc qui caracole fier et joyeux sur le coursier de
son seigneur ; et comme les passants ébahis manifestaient leur
surprise et l'interrogeaient[2], sa réponse fut, à leur grand
scandale : « Il me l'a vendu. »

Informé de ce propos malsonnant, le marquis manda son
vassal : « Vous me déshonorez, lui dit-il, en faisant de moi un
maquignon :

> v. 50. Jou ne sui mie cauwelaus[3] ;
> Ainc ne voil, voir, mon ceval vendre...
> Voirs est que je le vous donai. »

---

1. La correction « pour » proposée en note ne semble pas nécessaire.

2. « L'empescoient, » dit le texte, de « empeskier », forme picarde ;
c dur = *k*, imprimé à tort avec cédille, « empesçoient ». C'est notre mot
« empêcher » dans le sens de questionner qu'il avait alors. Cf. « enpeskent »
et « enpesquent » dans Méon, *Ren. le nouv.*, v. 1464, et *Fabl. et Contes*, III,
p. 264, v. 232.

3. Le *Glossaire* suppose **Cauwelal**, dont on ne connaît pas d'exemple. Ce
mot n'est relevé par Godefroy (d'après La Curne) que dans cet unique passage
de notre pièce, où le contexte lui attribue le sens de marchand de chevaux,
maquignon. Le *Nécrologe* de la Confrérie des jongleurs l'enregistre dix
fois, tantôt comme sujet · « Pullarius Jehans li Cauelaus, » 1279, 3[1] : tantôt

Et l'autre de répondre: « Non, monseigneur ; ce cheval, je l'ai acheté, car je vous l'ai demandé !

> v. 54.   Sire, dist-il, ains l'acatai :
> Au rover euc mout grant angoisse;
> Ja n'est-il nule poignans moisse[1]
> *Envers*[2] rover ne tel mal face.
> Li rovers fait rougir la face [;][3]
> En rouver a mainte doleur;
> Li rovers cange le couleur. »
> Li chevaliers dist : « Bien le proeve
> N'a pas don por noient qui roeve... »

Si « Bien le proeve » signifie : Je le le prouve bien, les vingt-six vers du développement formant un discours suivi, « Li chevaliers » devrait, ce semble, être mis entre virgules, en supprimant les guillemets. Mais on peut comprendre aussi :

au cas régime: « Pro Cauwelau Leurin, » 1280, 1^r. Ce dernier est « Leurins li Cauelaus » du *Jeu de la feuillée*, v. 820, que tous les éditeurs ont imprimé « Canelaus », suivant la faute du ms. Le nom pouvait prendre le féminin : « Li Cauwelaue Heluis, » 1265, 1re. Un exemple remontant à 1170 se trouve dans le pouillé des rentes de l'abbaye de Saint-Vaast inséré au *Cartulaire* de Guiman, p. 236 de l'impr.: « Guillelmus li Cauuelaus. » Le Guiman de l'Évêché (procédures) inscrit « Willelmum le Cauwelau » parmi les échevins d'Arras en 1223. Les *Hostagia* de l'église N.-D. mentionnent en 1261 « heredes le Cauelaue », f° 2 v°.

1. Le *Glossaire* donne **Moisse** sans l'expliquer, en citant divers exemples qui l'éclaircissent peu. Dans celui de Godefroy (au mot Pénil), « moisse » à la rime est évidemment pour « mousse ». Dans celui de Remacle, *Dict.*, « moisse », pierre d'attente (parpaing), rappelle la « moise » des charpentiers, de *mensa*), traverses plates assemblées et serrées deux à deux par des écrous pour maintenir les pièces d'un bâti. De là peut-être le sens métaphorique de contrainte, serrement, torture. Sur l'usage technique de *mensa*, voir le mot dans Forcellini et Du Cange. La « broie », instrument de supplice, était une sorte de « moise ». Voir dans Godefroy, *Dict.*, au mot Broion, un extrait de *Beuves d'Hanstone*.

2. Le ms. porte « avers rouver », leçon à rétablir, « avers » ayant ici le sens classique de *adversus* synonyme de *præ*. Voir au mot Adversus, Forcellini, *Lexic.*, § IV : *in confronto, a paragone*, et Godefroy, *Dict.*, au mot Avers.

3. Sur ce vers et la suite, cf. Sénèque, *De Benef.*, II, 1; I, 2.

« Li chevaliers dist bien *la* proeve, » et rattacher le vers tout
entier à la narration.

Quoi qu'il en soit, le marquis, vaincu par une argumentation
aussi irrésistible, reconnaît qu'il fut grandement coupable de
discourtoisie, et ce n'est pas sans trahir une secrète émotion
que le chevalier entend tomber de ses lèvres cet aveu naïf et
contrit :

> v. 78. Ains dist bien c'on le deüst fondre
> Quant de sen don tant demoura[1] —
> Li chevaliers coulor mua.

« C'est vrai, dit-il, j'ai mérité qu'on m'accable pour avoir
ainsi fait attendre une largesse. Ce cheval, je vous l'ai vendu.
Allez donc et choisissez le meillleur de mon écurie; celui-là, je
vous le donne. »

L'auteur nous en avait prévenus et sa conclusion le démontre :
cet amateur de chevaux était véritablement

> v. 8. Uns chevaliers de Normendie.

A noter : v. 36, « Cascuns se saine ki l'ooit » — ms. *l'auoit,*
de « auïr ».

Pièce XXI, p. 84. Les jongleurs avaient d'excellentes raisons pour vilipender nos bourgeois avares et prêcher aux riches
la générosité : ils en vivaient. Sur ce sujet, leur veine est inta-
rissable. Aussi le conte qui précède a-t-il son pendant immédiat
dans un second apologue du même genre, encadré de préceptes
généraux et d'objurgations satiriques.

Partant de ce principe que la bienfaisance n'est méritoire
que si un élan du cœur l'assaisonne, l'auteur oppose la pitié

---

1. Dans le *Glossaire*, au mot **Fondre**, M. Jeanroy entend : « puisque son
cadeau est ainsi rabaissé, » faisant de « tant » le sujet de « demora », au
lieu de construire : Quant de son don tant il (lemarquis) demora (tarda).

Une distraction semblable intervertit les rôles dans une note relative
au vers suivant, où le chevalier est confondu avec le marquis (p. 83).

charitable d'un saint Martin, coupant en deux son manteau, aux cinquante-quatre mille livres des dons et fondations pieuses de Philippe-Auguste, aumône vraiment digne de la munificence royale,

> v. 10   Mais ne fu mie de saison.

Il a droit à toutes nos sympathies celui qui, la main grande ouverte, fait largesse du peu qu'il possède. L'avare n'a jamais assez : il est pauvre ; aux libéralités d'un cœur noble et généreux, ce peu suffit toujours : il est riche.

Au temps jadis, alors qu'il n'était pas rare de voir des malheureux à bout de ressources clore la porte de leurs demeures et se laisser mourir de faim, deux enfants du même âge, mais de conditions différentes, s'étaient liés d'une étroite amitié. L'un était le fils d'un riche bourgeois, l'autre d'un pauvre paysan.

Le paysan tomba dans une telle détresse qu'il résolut de « clore » et d'en finir avec la vie. Son enfant s'associait à sa pensée :

> v. 54.   Li enfençons ot tel memore[1]
>   Qu'il avoit.

Mais avant de mourir, il voulut faire ses adieux à son compagnon :

> v. 56.   « A Diu, compains, vos commant gié...
>   Mes peres doit clore anquenuit ;
>   De faim mor[r]ons ains mienuit. »

Bouleversé par cette confidence, l'enfant court à son père et lui répète ce qu'il vient d'entendre :

> v. 71.   « Sire, dist-il, par Diu de glore,
>   Sire Wibaus doit anuit clore ;
>   Las, j'ai perdu men compaignon ! »

---

1. Le *Glossaire* traduit **Memore** par « intelligence ». La phrase lui donne le sens de « pensée, dessein ».

Puis, fondant en larmes, il raconte leur amitié, dépeint leurs joies communes, leurs ébats champêtres.[1], et dans son désespoir il s'écrie :

> v. 88.　« Foi que doi vos, u je morrai,
>   U jou men compaignon ravrai. »

L'émotion de l'enfant gagne le cœur du père. Il envoie chercher le paysan, lui adresse de douces paroles, le réconforte, lui offre son assistance et le détourne de son projet :

> v. 101.　« De clore ne soiés si caus ;
>   De men blé avrés deus mencaus... »

Tout était sauvé, grâce à l'opportunité de cette charitable intervention.

Après cette fiction aussi naïve qu'invraisemblable, l'esprit satirique du jongleur se donne libre carrière. Ce ne sont plus les pauvres qu'on voit aujourd'hui « clore »,

> v. 111.　Li plus rice sont si tenant
>   Ce sont cil qui or vont cloant ;
>   Par mi lor grant tresor d'Arage [2]
>   Muerent de faim et vont a rage.

Ces gros bourgeois d'Arras vivent comme des loups ; ils mangent à huis clos, laissant les pauvres se morfondre à leurs portes ; ils n'appellent en leur compagnie, — crime impardonnable, celui-là,

> v. 119.　Ne bonnes gens ne menestreux.

---

1. La bataille des chaumes après la moisson, divertissement que rappellent les vers 81-84, est encore d'usage en Angleterre (Suffolk) : « An amusement with boys who pelt each other with the stubble of wheat pulled up with the earth about the roots. This is called *playing at scottles.* » — Voir ce dernier mot dans Halliwell's *Dict. of archaic and provinc. words.*

2. Il est difficile de ne pas voir une intention plaisante dans ces « trésors d'Arage », ou d'Arabie, attribués aux avares Arrageois.

De l'hospitalité même, ils font une spéculation gastrono-mique :

> v. 124. Mais s'uns bourgois fait aporter
> Après lui de deus mès pleniers[1],
> Celui prie aucuns volentiers
> De demourer avoekes lui.

Qu'un des leurs tombe dans l'infortune, ils l'enverront à l'hôpital Saint-Jean, exploitant ainsi le bien des pauvres au profit de leur avarice :

> v. 131. Car s'il avient c'uns leur parens (,)
> Ait tout perdu et k'il siece ens[2]
> Et ke il n'ait mais ke despendre,
> A Saint-Jehan le mainent rendre
> C'on dist Saint-Jehan en l'Estrée.

Ce n'est certes pas pour eux que le comte de Flandre fonda cette maison,

> v. 138. Mais pour les enfers recevoir,
> Et por femes gissans d'enfans[3]
> Povres, ki ont tros grans ahans[4].

Ces chrétiens devraient prendre exemple sur l'esprit de soli-

1. Le *Glossaire* traduit **Plenier** par « précieux » : le mot nous paraît avoir ici son sens habituel de « complet, entier ». Le « de », assez embarrassant comme partitif, s'expliquerait mieux en prenant « aporter » substantivement.

2. « Seoir ens » que le *Glossaire* n'enregistre pas, non plus que La Curne ni Godefroy, signifie « faire faillite ». — « Item, ne seront pris ne receu en quelcunques offices (de l'échevinage)... personnes qui ayent fait céssion (de biens), sis ens, ou pris dilation. » Charte du 3 mai 1356. *Incent. chron. des ch. de la ville d'Arras*. Doc. CV, p. 115.

3. La maternité de l'hôpital Saint-Jean, dont cette pièce offre la plus ancienne mention, comprenait neuf lits au commencement du xive siècle. Arch. du Pas-de-Calais, A, 899.

4. « Povres » s'appliquant à la fois aux « enfers » ou infirmes du premier vers et aux femmes du second, la virgule qui suit est à reporter après « enfans ».

darité des Juifs, qui, lorsqu'un de leurs amis tombe, le relèvent jusqu'à trois fois :

> v. 158. En çou est mout bone lor fois ;
>   A leur parens lor huis ne cloent.

Et par ce dernier mot, qui est comme la note dominante de son sermon, le poète conclut :

> v. 163. Or nos doinst Dex si en bien clore
>   K'en paradis nos voelle enclore.

Errata : v. 4, « li premieres bontés » — *premiere;* v. 20, « iert a toudis » — *ert;* v. 25, « en poverte » — *enpoverte ;* v. 45, « leur » — *lor;* v. 54, « Li enfençons » — *enfeçons;* v. 79, ms. « fourbesisse » — corr. *fourfesisse;* v. 147, « j'en ait » — *j'en ai;* v. 141, « diffamer » — *disfamer;* v. 152, « deffaire » — *desfaire.*

Pièce XXII, p. 87. — La fiction allégorique du *Moulin à vent*, dont nous avons déjà vu une première ébauche, reparaît ici sous une forme plus achevée, et avec de nouveaux acteurs. On connaissait la pièce; Scheler l'a incorporée à l'un des recueils de ses *Trouvères belges*[1], violation de frontière littéraire qu'explique, si elle ne la justifie, le désir de révéler au public le nom d'un soi-disant poète jusqu'alors ignoré :

> v. 1. Leurens Wagons a en couvent
>   Qu'il fera un molin de vent[2]
>   En le rue dame Sarain.

Ce nom en vedette a séduit le savant philologue. Il a vu dans l'architecte du moulin l'auteur même de la satire, tandis que Laurent Wagon en est en réalité la première victime, cette préséance ironique n'ayant pour objet que de mettre au pilori la haute improbité du personnage et de sa famille.

1. *Trouv. belges,* nouv. série, 1879, n° 13.
2. De même, XVI, 63, « un muelin de vent », ital. « mulino da vento, d'acqua ».

Au commencement du XIIIe siècle, les Wagon[1], comme leurs co-associés les Crespin de l'Estrée[2], tenaient le premier rang parmi les gros bourgeois capitalistes, autrement dit les usuriers d'Arras. Ils se succèdent dans les actes à partir de 1221[3]. Grégoire IX, en 1228 et 1231, fulmina deux bulles contre les exactions de Mathieu Wagon[4]. Plus tard, les échevins de Douai cherchaient à reprendre sur Tasse Wagone, veuve d'André, l'argent que leur avait extorqué son mari[5]. Dès 1225, on voit Laurent Wagon en négociations financières avec la maison de Béthune et la comtesse de Flandre[6]. Après sa mort, en 1244, les titres continuent de mentionner les Laurent Wagon, l'un en 1260, parmi les obligataires de Montreuil-sur-Mer, mort avant 1279[7], un autre relevé dans l'*Index* en 1290[8], comme créancier de l'abbaye d'Anchin, mais qui ne peut être le nôtre, la génération précédente rentrant seule dans les vraisemblances chronologiques.

Après Laurent, prénom héréditaire perpétué dans la famille

---

1. « Waghes — Wagon » n'était pas un nom de famille, pas plus que « Wis — Wion », bien qu'ils le soient devenus l'un et l'autre, comme beaucoup de noms de baptême. Kervyn de Lettenhove s'y est mépris très gravement en rattachant aux Wagon de la bourgeoisie un Waghes d'Arras de la famille de nos châtelains, chevalier en 1237, dont il fait un usurier anobli par Philippe-Auguste! *Hist. de Flandre*, t. II, liv. IX, p. 363. — C'est à la famille Wion qu'appartient Waghes Wion, classé par l'*Index* dans celle des **Wagon**.

2. Voir pièce XIII, p. 266.

3. Arch. du Nord, Ch. des C., *Inv. chron. des chartes*, n°s 345, 360, 377, 381. — Gaillard, *Chartes de Flandre*, n° 740.

4. J. de Saint-Genois, *Inv. Rupelmonde*, n°s 27, 43.

5. Tailliar, qui a reproduit cette pièce, datée de déc. 1245, dans son *Recueil d'actes*, p. 124, la donne comme se rapportant « à la pêche »! Les mots du texte « waaigné par *péchier* », c'est-à-dire gagné par péché (d'usure), ont donné lieu à ce quiproquo. — Onestacien Wagone (Anastasie), que l'enquête de 1247 écrit Honestacia, le *Nécrologe* Anestaise (1255, 2¹³), les comptes de Montreuil-sur-Mer Onestasse, devient familièrement Tasse et Tassain pour nos chansonniers.

6. Arch. du Nord, Ch. des C., *Inv. chron. des ch.*, n°s 400, 414, 416.

7. J. de Laborde, *Layettes du trés. des ch.*, t. III, p. 545, col. B.

8. Arch. du P.-de-C., *Inv. somm.*, série A, t. Ier, p. 55, col. B.

pendant plus de deux siècles[1], la satire nomme encore André et Henri Wagon[2], trois branches qu'à défaut de précisions généalogiques, le choix de l'emplacement assigné au nouveau moulin nous permet de rattacher au même tronc.

Pour M. Guy, la rue Dame-Sarain rappellerait évidemment le souvenir de Dame Sarain Lanstière citée dans le *Congé* de Fastoul[3]. Nous savons ,au contraire, par le témoignage de nombreux documents, qu'il s'agit ici de la rue Dame-Sare-Wagone, l'ancienne Cruneurue du XIIe siècle, devenue au XIIIe la rue des Balances, nom qu'elle porte encore aujourd'hui[4].

Sare Wagone eut une terre à Wanquetin[5]. A sa mort, fin décembre 1234, elle possédait un immeuble de chaque côté des Changes, à savoir une halle en la Taillerie[6] et un hôtel dans la rue qui portait son nom.

Là fut le manoir familial de Laurent, de Mathieu, de Henri Wagon, ainsi que ce dernier nous l'atteste lui-même par acte du 1er avril 1261, n. st., sous le sceau de l'officialité d'Arras : « ...retro domum ejusdem Henrici, in qua idem Henricus [dictus Wagons, civis Attrebatensis,] commoratur, que sita est Attrebati, in vico qui dicitur Sarre quondam Wagonne[7]. »

Dans la précédente application de cette allégorie, les person-

---

1. Si le prénom reste, le nom change : les Wagon deviennent des Hauwel. « Leurens Hauwiaus », dont le sceau porte *Seel Laurent Wagon*, cime son écu d'un hoyau (1326). Un double hoyau se voit de même au-dessus des armes des Wagon, sur le sceau d'un autre Laurent Hauwel, en 1369, n. st. La nature et la signification de cet accessoire ont échappé à Demay, *Sceaux de Flandre*, n°s 4495 et 1033.

2. Vers 113 et 125.

3. V. l'*Index*, au mot **Arstier**.

4. Voir nos *Origines d'Arras*, I, p. 15, note 2 (1896).

5. « Decimam de Wanketig Sarre Wagonis. » Bulle confirmative des possessions de Saint-Vaast de 1216, dans le Cartul. de l'abbaye, pièce 172. Arch. du Pas-de-Calais.

6. « Domino de Waencourt, pro hala inter duo fora que fuit Sarre Wagoune, » B. N., *Hostagia*, 1871, fol. 21 v°. Cette halle occupait l'emplacement du n° 4 de la Taillerie, dénommé « Le Saint Esperit », en face du Petit-Marché.

7. Arch. du Nord, *Cantimpré*, orig.

nages symbolisaient la force motrice du moulin, le vent; ils constituent dans la seconde les pièces mêmes du mécanisme avec les accessoires et le personnel de l'exploitation : l' « ataque », la « suele », l' « arcure », les « dens de la reue », la « clapete », les « tourtres », le « fusel », le « poinile », l' « arbre », la « tremuie », la « puelie », les « eles », la « mait », la « rastiere », l' « aleron », la « maison », la « keue », la « plumete », l' « atemproire », l' « estendart¹ »; de plus, le meunier, l'ânier et les voituriers, sans omettre le charpentier et l'entrepreneur.

Le devis commence par spécifier la nature des matériaux :

> v. 4. Mais n'i avra bauke ne rain
> Ne soit faite d'un menteeur
> Plain de truffe, fort *menteeur*².

Les articles suivants portent sur trente noms d'Arras, dont une douzaine ont été plus ou moins identifiés dans l'*Index*. Si la place ne nous faisait défaut pour discuter un à un les problèmes que soulève l'homonymie, peut-être les inscriptions du *Nécrologe*, rapprochées des épaves de nos listes échevinales et autres éléments d'information, aideraient-elles à faire quelque lumière dans cette confusion chronologique. Contentons-nous, pour abréger, de relever les noms d'Eustache Trauelouce³ et

---

1. Tous ces termes ont persisté, sauf deux : le « poinile » et la « rastière » (Cf. *Encycl. du XVIIIe siècle*, t. X, p. 801, col. A). Le « poinile » est le hérisson ou le rouet qui s'engrène dans la lanterne. Un titre de Saint-Vaast fournit un autre exemple de ce mot : « Li mauniers doit livrer le van et le poinile et fusel et siu au pié del fer » (*Cartul. Guiman*, ms. de l'Évêché d'Arras, suppl. n° 616).

Le *Glossaire* voit dans la « rastiere » tantôt une « pelle à enfourner (?) », tantôt une « vanne ». Comme, dans les deux exemples, cet ustensile accompagne la huche et le pétrin, la « rastière » me paraît être la râcloire.

2. Corrig. « venteeur ».

3. Trauelouce, Trawelouce, et non Travelouce; c'est un nom composé : *Nècrol.*, 1262, 3³ : « Louce trauwée, » cuillère percée. — Eustacius Trawelouce, civis Attrebatensis, tenait de Nicholas, seigneur de Fiefs, chevalier, des terres à Izel, que celui-ci céda à l'abbaye d'Etrun, par acte de février 1239, v. st. (Arch. du Pas-de-Cal., *Etrun*, orig.).

Adam de Vimi, dont la mort en 1263 limite tout d'abord à cette date la composition de la pièce.

Ce n'est là d'ailleurs qu'un premier jalon : les vers où il est fait mention du grand bailli reculent encore cette limite extrême, certainement jusqu'en 1259, peut-être même au delà de 1250, selon l'application qu'on en fait :

> v. 195.   On dist que c'est li grans baillius,
> Qui des mauvais fait les alius
> En sen païs droit à Viler;
> Les gens n'i font fors que giler.

Deux personnages répondent à cette désignation toponymique : Simon de Villers, grand bailli de 1236 à 1250; son neveu Achard de Villers, qui lui succéda, de 1250 à 1259[1]. Duquel s'agit-il? Le nom manquant au signalement, l'identification reste indécise, et si la question de date doit jamais être résolue, elle ne le sera que par une étude minutieuse des autres synchronismes.

Ce qu'on peut toutefois affirmer en pleine certitude, c'est que le Villers en question n'est pas celui de l'*Index*, à savoir Villers-Sire-Simon, canton de Saint-Pol, Pas-de-Calais; mais bien Villers-Saint-Paul, près de Creil, Oise, comme on le voit dans les titres de l'abbaye de Chaalis[2].

C'est là, dans son pays d'origine, que le grand bailli est accusé par la satire de recruter un personnel de fourbes; du moins, je comprends ainsi « faire les alius des mauvais », c'est-à-dire les « aliuer » ou « aloer », les prendre à son service. Scheler interprète, sans grande conviction, « faire leurs caprices »; M. Jeanroy propose « se mettre en frais pour eux » : à la critique de choisir et de décider[3].

---

1. Voir nos *Origines d'Arras*, I, p. 80. — A la ligne 19, la date mai 1263 doit se lire 1253.

2. Voir *ibid.*, p. 87, une note sur Simon de Villers-Saint-Paul.

3. « Aliu, alieu, alieuer, » outre leur sens habituel de « dépense, dépenser », ont aussi celui de « louage, louer ». Adam de la Halle, *Congé*, v. 125, emploie « alieu » dans le premier sens; Fastoul, *Congé*, v. 166,

Népotisme de l'oncle ou favoritisme du neveu, on ne peut qu'être frappé d'une liberté de langage qui s'attaque aussi directement à la première magistrature du pays, en même temps qu'elle bafoue les plus hautes personnalités de l'aristocratie bourgeoise : les Wagon, les Crespin, les Faverel, les Louchart, etc.

Cette dernière famille est représentée dans la fiction par Englebert[1], le claquet du moulin, un bavard dont la langue ne s'arrête pas, dont la mâchoire est sans cesse en mouvement,

> v. 55.   Tout ensement com li papoire.

Le *Glossaire* traduit ce mot par « crécelle ». La « papoire » était une figure grotesque, le *Manducus* des Romains, sorte de croque-mitaine qu'on promenait dans certaines fêtes du Nord, et qui se rencontre fréquemment parmi nos enseignes du moyen âge[2].

Le « fuisel », ou l'axe de la lanterne, ne porte pas de nom ; on est allé chercher son représentant *extra-muros*,

> v. 68.   Ens en le mote *Delevigne*.

Ce petit castel ou « mote de le Vigne », — c'est ainsi qu'il faut lire, — appartenait alors aux Veel, feudataires de l'avoué d'Arras, qui le tenaient de Saint-Vaast[3].

le prend dans l'autre. Du Cange, *Allocatus*, 3, cite : « du louaige ou alieu de son apprentiz. » *Ordonn.* 1382. — Sur « aloer », louer, mettre en service, prendre à loyer, voir Godefroy, *Dict.*, I, p. 230. Voir aussi Méon, *Fabl.*, IV, p. 210, v. 176, et p. 215, v. 349, et *Vers de la mort*, CXLIX, v. 3.

1. En 1170, Ingelbertus Lucears tenait de Saint-Vaast un fief important au faubourg de Saint-Sauveur. Robert Loucars, à la même date, occupait une des maisons de la Petite-Place, vers le n° 33, en face des Changes. C'est donc sans raison, et par une interprétation illusoire d'un acte de 1298, que Kervyn de Lettenhove fait descendre les Louchart d'Arras d'une famille juive (!) de Hongrie. *Hist. de Flandre*, t. II, liv. IX, p. 363.

2. Voir Dom Grenier, *Intr. à l'hist. de Picardie*, p. 386. On trouvait l'enseigne de la Papoire sur la Petite-Place d'Arras, à la Halle au pain, n° 32 (*Rentes foraines*, 1382) ; à Cambrai, sur une brasserie de la rue du Mail (Arch. du Nord, *Cantimpré*, chirogr. 1336). Cf. Arch. Nat., S., 5208, n° 45. — *Inv. anal. des arch. de Douai*, BB, p. 7 et 55.

3. Cette motte était située dans l'angle de la rue des Promenades et du

Pour les « tourtres » ou plateaux circulaires de cette même lanterne, le poète a mis en œuvre un « venteur » émérite, son confrère en ménestrandie :

> v. 61.　　Pour bien soufler fu en cuisine,
> 　　　　　U en cornet u en buisine,
> 　　　　　En orghene[1], en muse u en fretel,
> 　　　　　Ne ruis cangier Jehan Bretel.

Les huit sergents héréditaires de Saint-Vaast, dont l'un, comme on l'a vu, était notre Jean Bretel, représentaient les anciens « famuli coquinæ[2] ». C'est sans doute à cette domesticité originelle que la satire fait allusion, lorsque, dans sa revue des instruments « à vent », elle commence par armer Bretel d'un soufflet de cuisine.

Parlant plus loin de maître Adam de Vimi, qu'il attaque avec violence : « Jamais, dit le poète, je ne suis allé à son hôtel, »

> v. 171.　　Et si m'en proie mout sovent,
> 　　　　　Mais li proiere ele est de vent.

Faut-il, avec l'*Index*[3], attribuer ce langage à une attitude de fierté dédaigneuse? Je n'y vois autre chose que l'ironie du dépit : la contre-vérité du premier vers éclate manifestement dans le second.

La « blanque gent » de l'Estrée nous étant déjà connue par une satire précédente, on peut se reporter aux commentaires[4].

boulevard Crespel, à gauche en sortant de la ville. Sur les feudataires de l'avoué d'Arras, voir Tailliar, *Rec. d'actes*, p. 183.

1. « Orghene » n'a que deux syllabes qui comptent dans la mesure du vers, la première et la dernière; ici le dernier *e* est élidé. L'*e* pénultième disparaît de même sous l'influence de l'accent dans « virgene, ordene, Estevene », *virginem, ordinem, Stephanum*, etc.

2. *Cartul. de Saint-Vaast* (Guiman), p. 346, 347.

3. Au mot **Vimi.**

4. Cf. v. 45. Blans est dehors, blans est dedans.
　　Cf. v. 107. Me sanle bien offisiaus,
　　　　　　　De blanke cire est ses seaus.
Les actes de l'Officialité d'Arras étaient scellés sur cire blanche; de là

Notons enfin que les deux derniers vers seraient inintelli-
gibles, si on ne lisait dans le second *par* au lieu de « por » :

> V. 215.   Et por atendre ie voiture
> *Par* coi il prenderont meuture.

Errata : v. 12, « lign » — ms. *ling*; v. 16, « ni » — *n'i*; v. 42,
« Deu » — *Dex*; v. 47, ms. « ruee » — *reue*; v. 96, « Sawalès »
Sawales; v. 130, « quarantaine » — ms. *quarentaine*; v. 136,
« Tailleres » — *Taillieres*; v. 186 « face refaire » *sace refaire*[1];
v. 139, « sieré d'un bos » — *sieré*[2].

Pièce XXIII, p. 92. — La satire nouvelle change à la fois
de forme et d'objet. Dans une langue hybride, travestissement
thiois farci d'équivoques, elle présente une parodie des chansons de geste, appliquée à la chevauchée burlesque d'une
guilde flamande marchant sous la bannière de la commune à
l'assaut d'un château féodal.

La banclocque sonne l'alarme, l'ost est crié par les rues. A
cet appel accourent en foule les tisserands de la colonie industrielle. Les paladins de la navette ont revêtu l'armure et
montent en selle. Simon Banin, leur chef, les passe en revue et
les harangue. Trois mille communiers s'apprêtent à marcher
sur Neuville à la suite du châtelain Hugues, précédé de son
ménestrel Grardin et de son sergent Wautier Naimeri, qui
porte l'oriflamme. Et maintenant, à l'assaut du château! à bas
les usuriers!

l'équivoque. Sur les Crespin de l'Estrée, voir *Mém. de l'Acad. d'Arras*,
nouv. série, t. XXVI, p. 240 (1895). Tirage à part.

1. La note de Scheler sur le rôle périphrastique de « faire », tombe devant
cette correction. *Op. cit.*, p. 350.

2. Si l'*e* final est muet dans « sere, siere », de *sera*, serrure, il ne l'est
pas dans le part. passé « seré, siéré » qui, comme le part. prés. « serant »,
prend le sens de « près ». Citons à l'appui un arrentement consenti par « le
caritei Saint Jehan » d'une maison au Brulle, « serei l'iretage demisele
Perine Langhardin », le onze « junet » 1317 (Arch. de Saint-Omer, chirogr.
orig.) Autre exemple « : serey des murs et fossez du castel », 1365 (*ibid.*,
reg. du XIV⁰ siècle).

> v. 69.   Si que de grant bailon nous puist tos savoir gré;
> Wi ce jor ert l'*honeur* de *Tisterant* sauvé;
> Ces useriers poiant ert ariere boité[1].

De quels usuriers est-il question? Contre qui et pourquoi cette chevauchée? Comment l'honneur de la guilde se trouve-t-il mis en jeu dans cette prise d'armes? C'est une énigme dont rien ne peut nous faire soupçonner le mot[2].

Après divers épisodes, ironiquement chantés en laisses monorimes à l'instar des romans de chevalerie, la troupe arrive enfin sur les champs, quand tout à coup, ô prodige! la foudre éclate et lui barre le chemin. Elle s'arrête court — et le récit finit là.

Victor Leclerc, dans l'*Histoire littéraire de la France*, a signalé le premier cette bouffonnerie satirique, dont il donne une analyse et des extraits[3]. Assimilant notre Simon Banin à Pierre de Coninck, chef des tisserands de Bruges[4], le docte académicien estime que, par représailles contre les milices communales souvent victorieuses de la chevalerie, à Courtrai comme à Bouvines, quelque jongleur aux gages d'une famille noble a sans doute voulu ridiculiser dans ces vers les bourgeois des communes flamandes.

L'indication n'est pas restée inaperçue. Vingt ans plus tard, Auguste Scheler enrichissait d'une nouvelle pièce artésienne la seconde série de ses *Trouvères belges*, en même temps qu'il en expliquait l'origine d'après les suggestions du savant français.

---

1. « De grant bailon, » le grand bailli. — « Wi ce jor, » aujourd'hui. — « Poiant, » puant (note de M. Jeanroy). — « Boité, » bouté (*id.*).

2. Voir notre *Introd. au Livre rouge de la Vintaine*, p. 25 (Extrait du *Bull. hist. et philol.*, année 1898).

3. T. XXIII (1856), p. 498-501.

4. *Ibid.*, p. 500. Dans la pensée de l'auteur, il s'agit, je crois, d'un rapprochement entre ces deux personnages, et non de leur identification, comme je l'avais pensé à la première lecture de ce paragraphe quelque peu ambigu. *Introd. au Livre rouge de la Vintaine*, p. 26.

Leur conception du sujet diffère d'ailleurs essentiellement. Selon Scheler, la scène se passerait au village; c'est à une poignée de villageois flamands qu'il attribue cette tentative avortée contre on ne sait quel château de Neuville. Des tisserands, il n'en est plus question; le mot « Tisterant » prend dans son texte une majuscule et devient le nom présumé d'un grand bailli quelconque[1].

On conçoit qu'en présence de ces incertitudes, M. Guy méconnaisse à son tour le caractère historique de la pièce, fantaisie purement littéraire, pense-t-il, dont le but unique serait de ridiculiser le lourd patois flamand et d'amuser l'auditoire en parodiant les chansons de geste[2].

Telle n'est pas notre opinion. L'objet politique et personnel de la satire nous paraît indiqué par la nature même des allusions; sa forme étrange n'est qu'un moyen spécial approprié à certains incidents de la vie communale dont elle fait son thème. Ces incidents n'ont laissé aucune trace; on ne peut donc en contrôler le récit. Mais, quelque part qu'on y fasse à l'invention des détails, la matérialité du fond est liée à la réalité des personnages, comme à celle du cadre où ils se meuvent.

Ces personnages sont des Flamands, confrères de la guilde des tisserands de draps; le cadre n'est ni la Flandre ni un village, c'est Arras, et dans Arras, le quartier des « Basses rues » habité de tout temps par la colonie industrielle, c'està-dire, en partant de la porte Méaulens et de la Poterne, les districts ou « pouvoirs » du Pré et du Jardin, y compris les rues adjacentes de la paroisse Sainte-Croix.

Toutes ces délimitations se trouvent reproduites dans la pièce:

> v. 55.   Nos intrames ensanle par purte de *Meulens,*
> Alueques vos dona bon fromage flamenc.

----

1. *Trouv. belges*, deuxième série, Louvain, 1876. *Introd.*, pièce XIV et note, p. 351. Dans ce même recueil, Scheler insère les chansons de Carasaus, que l'on prétend originaire d'Arras (V. Dinaux, *Trouv. artés.*, p. 125). Un fait certain, et qu'on n'a pas encore relevé, c'est que ce ménestrel était, avant 1244, au service de Bauduin III, comte de Guines.

2. *Introd.*, p. 27.

> v. 61. Je warde de *Pusterne* et quan k'il i s'apent;
>   La stront min l'iretage et tout min casement.

> v. 19. Riqueiore du *Pré*.....

> v. 15. Le vile s'unt stoumie *la jus* en ce *Gardins*.

> v. 113. Il fait de capelier van *Sinte Croc* mander.

Sur l'attribution à Arras de cet ensemble topographique, il ne peut y avoir aucun doute.

Le but de l'expédition n'est pas moins nettement indiqué que son point de départ. Qu'importe, en effet, qu'il y ait dans le Nord une foule de Neuville? Celui qui nous intéresse n'est à chercher ni en Flandre, ni sur la Canche, ni sur l'Escaut; les vraisemblances marquent sa place aux environs d'Arras[1]. Or, il n'exista jamais que deux Neuville dans toute la châtellenie, et, de ces deux, un seul avec castel féodal, celui des Eustache de Neuville, aujourd'hui Neuville-Vitasse : le choix ne peut donc s'égarer.

Quant à savoir quel conflit entre le seigneur du lieu et la commune a pu servir de prétexte au metteur en scène de cette ridicule épopée, et en quoi le succès de l'expédition intéressait la candidature des chefs aux honneurs de l'échevinage, c'est un problème historique dont on chercherait en vain la solution.

Bornons-nous donc à signaler quelques noms dont le souvenir n'est pas complètement effacé. Quatre sont inscrits au *Nécrologe* des jongleurs : Hues Audeuare, 1228, 1[1]; Dierequin li penderes[2], 1241, 3[18], et 1260 2[3]; Esconars Wautiers, 1243, 2[14]; Wautiers Naimeris[3], 1244, 2[14]. Le crieur Grardin rappelle Gérard, ménestrel du châtelain d'Arras en 1239[4] et Hues van

---

1. *Index*, au mot **Neuville**.

2. Ce nom de deux anciens bourreaux d'Arras, inconnus jusqu'ici, est aussi celui d'une famille de notaires. P. Fournier, *Les Officialités*, p. 303, note 3, 1248-1278. Arch. du P.-de-C., *Trinitaires*, 1292, orig. — Cf. Baude Fastoul, *Congé*, v. 677, et *Nécrol.* Crestelot pendere, 1206, 3[11].

3. Cf. pièce XIX, v. 27.

4. « Gerardus, ministerellus castellani Attrebatensis, de dono XX sol. ad Gisortium. » *Itinera, dona et hernesia*, ann. M.CC.XXXIX, dans le *Rec. des Histor. de la France*, t. XXII, p. 597.

Castelain, notre châtelain chansonnier Hugues d'Arras, dont on ne trouve plus de traces après 1220[1]. Les autres personnages, acteurs ou comparses, sont désignés par des prénoms, des sobriquets, ou des noms déguisés qui ne nous permettent pas de les reconnaître[2].

L'intelligence du texte n'a pas moins à souffrir de ces bizarres travestissements. Malgré les gloses de Scheler et les recherches complémentaires de M. Jeanroy, bien des mots, même des vers entiers restent encore inexpliqués. On peut s'en consoler en pensant que le déchiffrement de ces rébus ne saurait avoir qu'un mince intérêt philologique. La preuve en est dans les remarques qui suivent :

V. 24.   S'i fu *escavecant* William Scovelin.

Au lieu de « chevauchant », le mot ne se rattache-t-il pas plutôt à « cavèce, caveçon », licou ? — Ital. *scavezzare*, secouer le caveçon (Veneroni)[3].

V. 26.   Que parent de Quemuse et que larmant cousin.

Je lis « quemuse », nom commun, et je comprends « chemise » : parents par alliance et cousins germains[4].

1. Si c'est de lui qu'il est question, la composition du poème, ou tout au moins le fait sur lequel il roule, devrait remonter au temps de Philippe-Auguste, ce qui n'est guère vraisemblable. D'autre part, il paraît difficile de s'expliquer le nom et le rôle du personnage, s'il n'est pas le châtelain d'Arras : on ne sait comment sortir de ce dilemme.

2. Simon Banin ne se rattache ni de près ni de loin à aucun nom que nous connaissions ; c'est peut-être un pseudonyme ou sobriquet, comme Kaquinoghe, Mordenăte, Hondremaro. Bauduin Makesai (Makeset) pourrait être Bauduin Make inscrit au *Nécrologe* en 1258, 2[1]. A défaut de Vinçan le Barbier, ce même document enregistre sa fille en 1228, 2[17] : « Fille Vinçan Barbiere .» Scovelin, Stalin, Moussekin n'y figurent pas ; ce dernier nom, Jakemon Musekin, se rencontre à Douai en 1248 (Tailliar, *Rec. d'actes*, p. 162). Boïdekin, Claiequin, Oitin, Liepin, Roelin, sont des prénoms : Baude, Nicolas, Eudes, Philippe (?), Raoul.

3. En cherchant dans le *Glossaire* « escavecant » (le mot est expliqué au bas du texte, p. 95, note 24), on rencontre « **Esbatre**, III, 55 ; esbatre une verge, *cueillir une verge* ». — « Esbatre » n'est pas *cueillir*, mais *agiter vivement*, comme « s'esbatre » est *s'agiter, se donner du mouvement*.

4. Si c'est là le sens, l'expression triviale équivaudrait à la définition

> V. 38. De frere de saint Jake a ce caperon grant,
> Il ont pieç'a surti, il de troevent lissant,
> Jou sera eskepin ains feste saint Joant.

« Les frères de Saint-Jacques au grand chaperon l'ont pronostiqué déjà, ils le trouvent en lisant[1] (dans le livre) : je serai échevin avant la Saint-Jean. »

> V. 105. Mi ne croi *corcerié* un denier moneé.

La note de Scheler, p. 354, reproduite par M. Jeanroy, p. 98, explique « corcerié » par « courroucé ». La leçon « corcerie = sorcerie » donne le sens qu'appelle le contexte.

> V. 121. Un broque de millier n'i poroit passer mie.

« Graine » proposé pour l'un et « millet » pour l'autre sont peu satisfaisants. Ne pourrait-on comprendre par « broque » un clou minuscule (broquette), une pointe de mille à la livre?

> V. 170. Et Grardin le kiiere qui l'aloit tuletant

Ce dernier mot me paraît une onomatopée imitant l'instrument du ménestrel, comme plus haut « babin balant » le tocsin de la banclocque communale.

Errata : v. 9, « Li ver istront » — *Li ver i stront*[2]; v. 11, « Ce fut » — *Ce fu;* v. 70, « l'honeur » — *l'oneur;* v. 87, « d'estré » — *d'estrés?* (abrév.); v. 92, « Baiart fu reveleus » — *ruveleus;* v. 110 « sin a » — *s'in a;* v. 124, « Ainc Deus... tant fut » — *Ainc Dex... tant fu;* v. 139, 137, 171, 166, « Deus » — *Dex;*

canonique de l'affinité : « Personarum proximitas ex coitu proveniens. » — *Corpus juris canon.*, éd. Aemil. Friedberg, t. I, p. 1434.

1. Cf. XXIV, 206 et *Gaydon*, f° V v°, dans La Curne.
La treuve l'on ceste estoire lisant.

2. En lisant ici « istront », au lieu de « i stront », M. Jeanroy voit dans ce mot le futur du verbe « issir », de même que plus loin, annotant « dont ne stront jo vo niés », il rectifie « n'istrai jo » (p. 97, n. 42). Ce n'est pas à « issir », mais à « estre » que la satire emprunte cette grossière équivoque franco-flamande « estront, stront », complaisamment répétée v. 9, 35, 42, 51, 78, sans parler de l'abréviation « sont », v. 9, et 10, qui pourrait s'interpréter de même.

v. 143, « canovele » — *canouele ;* v. 164, « qui nasquit » — *nasqui ;*
v. 172, « nn fain si grant » — *faim ;* v. 173, « tro pain blanc »
— *paim blanc.*

Pièce XXIV, p. 97. — Par l'étendue de son cadre, l'entrain
de sa verve railleuse et surtout par sa portée documentaire,
cette pièce se distingue entre toutes dans l'œuvre satirique
dont elle forme le couronnement.

Son objet nous ramène à l'affaire de la taille et au scandale
de ces fausses déclarations qui permettaient aux riches bourgeois d'esquiver, du moins en partie, la taxe proportionnelle
assise par l'échevinage sur les membres de la communauté.

Le pamphlet revêt la forme d'une contre-vérité humoristique. L'auteur feint de croire que le roi vient de rapporter
ses prohibitions antérieures contre les jeux[1]. Sont désormais
autorisés la « grieske », les échecs, les tables, le « galet »,
l'escrime, « poire faucon », les billes, la crosse[2].

> v. 13.   Or oiés con faites *lubaves*[3] :
> Li rois veut bien c'on jete as *aves.*

Comme plus haut, pièce II, 53 (Cf. remarque sur *cipaves,*

---

1. La Curne, *Dict. hist.*, au mot CAZÈES, a fait remarquer le premier
l'allusion de cette pièce satirique à une ordonnance de Louis IX au sujet
des jeux (*Ord.* de 1254).

2. La « griesche, gryache, grijoise » (grégeoise) était un jeu de dés. Les
« tables » (ms. « a ju *des* tables ») équivaut au gammon ou trictrac. Le
« galet » était un jeu de palet sur table. L'installation de ces jeux ou
« galetoires » avait donné leur nom à deux rues, dont l'une le porte encore.
Les auteurs des *Rues d'Arras*, II, p. 13, en ont en vain cherché l'étymo-
logie. — « Poire faucon » reste inexpliqué ; M. Jeanroy corrige : « Escremir
à poire u faucon ». La « crosse » consiste, comme on sait, à lancer contre un
but une « chole », ou boule de cornouiller, avec un bâton ayant pour croi-
sillon une sorte de petit sabot de fer. Sur la « choule » à Arras, voir *Arch.
comm. Reg. aux édits*, II, f°s 18 v°, 55 r°, 98 v°. De Laborde, *Ducs de Bourg.*,
I, p. 251. Cf. *Congé* de Fastoul, v. 438.

3. « Con faites lubaues » quelles lubies ! — Godefroy, *Dict.*, donne :
« BUBAUE joie, bonheur ; » c'est une fausse lecture avec traduction de
fantaisie.

p. 30, XIX, 31), la leçon correcte est « lubaues » et celle de la rime « as aues » — *ad aucas jacere,* « jeter as aues », tirer l'oie. Ce divertissement populaire de la région du Nord, dans lequel le *Glossaire* voit « une sorte de jeu de dés[1] », était un exercice de force et d'adresse encore en vogue au XVIIIe siècle : le souvenir en est à peine effacé[2].

Il n'en est pas de même du suivant :

> v. 22.	Il a juré sen doit manel[3]
> K'il veut c'on jut au *brionel.*

Ce dernier mot n'a été jusqu'ici relevé nulle part ailleurs et la signification spéciale en demeure inconnue.

La liberté des jeux est donc proclamée. La bourgeoisie reprendra ses passe-temps accoutumés ; tous lui sont rendus. Un seul pourtant n'a pu trouver grâce devant le roi, et celui-là, il l'interdit sous les peines les plus sévères : c'est le jeu du « dire vrai ».

> v. 33.	Ki voir dira il ert honis
> Et hors de le vile banis.

1. Au mot AVES.

2. Il consistait à abattre à distance, à l'aide d'un fauchet, d'une serpe, même d'un simple bâton, une oie ou quelque autre volaille suspendue par le cou. — « Isti fuerunt qui ad aucas jecerunt super Heilant et fuerunt quilibet eorum in forisfacto decem solid. judicati per judicium scabinorum. » Ascens. 1280 (Warnkönig, *Flandr. Staats u. Rechtsg.,* B. III, 1 Abth., S. 76). — « On a défendu les awes et les oiseaus a jeteir dedens la banliewe, sor LX. s. » XIIIe s. (Archiv. de Saint-Omer, *Reg. aux bans,* f° 4 r°). V. Du Cange, au mot ANETTE ; Littré, au mot OIE. — Aux environs d'Arras, certains villageois substituaient à l'oie un petit cochon : « Pour ce que un des sergens de la garende de mond. sg[r] le duc avoit mis main à un pourchel pendu à une estacque par pluiseurs des subgetz desd. relligieux (de Saint-Vaast) en la ville de Pevle pour jecter de fauchilles, comme il est accoustumé au lieu et au pays, par manière d'esbatement... » Accord en parlement du 7 mai 1386 (Arch. du Nord, *Deux[e] cartul. d'Artois).*

3. Le *Glossaire* traduit **manel** par « annulaire ». Le doigt « de la main », qu'on étendait en signe de prestation de serment, était l'index, comme on le voit dans l'enluminure d'un ms. auquel renvoie Haltaus, *Gloss.,* au mot FINGER. On étendait aussi, soit les deux premiers doigts, soit la main tout entière. V. du Cange, au mot DIGITUS.

Cette nouvelle provoque par toute la ville des scènes de désespoir d'un haut comique :

> v. 147.   En Arras a cinc cens brievés[1]
> Cascuns descire ses huvès
> De maltalent, de duel et d'ire
> Por çou que n'ose nus voir dire...

Les honnêtes bourgeois, qu'ils sont à plaindre! Mais, puisqu'on n'y peut que faire, ils se résigneront.

Jean le Borgne et Colart Liénart[2] donnent l'exemple du sacrifice; d'un trait de plume, ils biffent de leur brevet la moitié d. leur avoir.

Jean Hukedieu[3] et Jean Cosset usent d'un stratagème. Ces deux compères en fourberie, après avoir « juré de cosse en favet »,

> v. 45.   En lieu de *bon nués*[4] artisiens
> I ont mis de viés doueziens.

Le denier douaisien valait, en 1251, le quart de l'artésien[5]. « Nues » oppose le nouveau type, celui de Robert Ier et de Robert II, aux anciennes fabrications surannées, dont plusieurs furent abolies par les réformes monétaires de saint Louis en 1263[6]. Une distinction analogue existait entre les deniers

---

1. Ce chiffre est la seule donnée que nous ayons sur le nombre des notables familles bourgeoises de ce temps-là.

2. L'un et l'autre moururent en 1270, vers la fin de l'année. Ce Jean le Borgne n'est pas celui de l'*Index*, surnommé Biauparésis, qui fut mêlé aux fraudes électorales de 1304, et mourut en 1311, 3[4] (Cf. *Nécrol.*, 1318, 1[4]).

3. Jean Hukedieu fut échevin en 1265. Il est inscrit au *Nécrol.* en 1287, 1[13], et ne peut être celui que l'*Index* signale en 1302. Jean Cosset reviendra plus loin.

4. Corr. « bon[s]nues » ; l's manque dans le ms.

5. Arch. de Douai, ban du 5 juillet 1251 et essai de monnaies de 1265. Tailliar, *Rec. d'actes*, p. 193 et 268. Voir ces textes rectifiés et commentés par M. Prou, dans la *Revue de Numismatique*, 4e série, t. II (1898), p. 314, 317.

6. *Ord. des rois de France*, I, p. 93. Cf. *Chroniques de S. Magloire :*
> L'an mil deux cens soixante trois
> Furent abatus li Mansois,
> Li escuciau, li Angevin,
> Ausi furent li Poitevin.
> (Méon, *Fabl.*, II, p. 227.)

mansois « viés » et « noes », c'est-à-dire anciens et nouveaux [1].
Appliquer respectivement ces deux termes à l'état de « neuf »
et à l'usure des pièces semble ici hors de propos [2].

> V. 47.   Meïsme Tumas de Castel [3]
>   El parkemin dedens se pel
>   Quinze cens livres eut vaillant...
>   On dist bien k'il en a trois tans.

Le *Glossaire* traduit « dans sa bourse ou sur son parchemin ». On cherche en vain « bourse » parmi les mots ci-dessus;
« pel » veut dire peau : donc « sur la peau de son parchemin ».

Dans le brevet de Heuvin le Clop [4], les marcs d'argent se
changent en livres : au prix du métal, c'était une soustraction
de plus de cinquante pour cent.

Audefroi Louchart [5] ne se contente pas de si peu, — un
banquier ! De vingt mille livres il fait sept cents. Mais ne
voilà-t-il pas qu'une distraction le rend victime de sa propre
fraude ! Le voleur volé en est tout abasourdi :

> v. 63.   Por parezis a mis besans [6],
>   S'en est Audefrois trop pesans.

1. Voir M. Prou, *loc. cit.*, p. 317.

2. *Index*, aux mots **Huquedieu 2°**; et **Doueziens**.

3. Inscrit au *Nécrol.* en 1271, vers novembre. Il était fils de Nicolas,
échevin en 1255 (Bibl. d'Arras, ms. 316, p. 189).

4. Mort au commencement de l'année 1273.

5. Audefroi Louchart fut échevin en 1253, selon le ms. de Cl. Doresmieux, t. I, p. 407 (Bibl. d'Arras, hors catalogue, jadis aux Arch. comm.).
Ce banquier prêtait à Édouard, fils du roi d'Angleterre, au comte de
Flandre, au comte de Guines, au comte d'Artois, aux villes de Flandre, etc.
(V. les inventaires de 1260 à 1277). Gillebert de Berneville, dans un jeu-
parti avec Thomas Hérier, parle de la grande « manantie » (richesse) d'Audefroi (Scheler, *Trouv. belges*, II, p. 125). Bodel, *Congé*, v. 349, salue
ses deux fils, nommés Jaquemon et Andriu dans les chartes de la Chambre
des comptes de Lille, 1276-1277, mêmes prénoms que ceux des fils d'Englebert, *Congé*, v. 157. Audefroi Louchart mourut en 1273, vers septembre.

6. — Au commencement du xiiie siècle, le besant équivalait à sept
sous (Du Cange, BYZANTHUS). Plus tard. on le voit compté pour huit sous
(P. Fabre, *La perception du cens apostol. en France*, École fr. de Rome,
Mélanges d'archéol. et d'hist.. 1897, p. 233).

De ce personnage, la pièce XIII, 32, a dit de même :

Trop mus
En est sire Audefrois [et trop[1]] camus.

Josiel Esturion[2] a-t-il donc si peu de mémoire qu'il ait oublié vingt mille livres? Omission volontaire, dont lui tiendra compte la justice du roi.

V. 73.   Et sire Jakes de Monchi
Un peu de rente a *ainchi*,
Or est keüs en povreté
Souvent en pleure de pité.

Outre que « ainchi » est une forme inconnue, — car on ne peut guère, même dans le dialecte artésien, la rattacher à « ainsi », — le vers se trouve amputé d'une syllabe, ce qui indiquerait quelque faute de lecture ou de transcription.

M. Jeanroy, sans essayer de justifier « ainchi », cherche à rétablir la mesure en supposant un hiatus anormal de l'*e* muet :

Un peu de *rente* ˅ a ainchi[3].

La solution de cette difficulté est beaucoup plus simple; il suffit de lire :

Un peu de rente a à Inchi,

Inchy en Artois, canton de Marquion, où l'on sait par ailleurs que cette famille bourgeoise possédait des terres[4].

---

1. *Chans. et Dits*, p. 61 et note.

2. Josiel Esturion, échevin en 1255 (Arch. du Nord, *Inv. des ch. de la Ch. des comptes*), était créancier du comte de Flandre en 1265 (*Inv. des ch. de Rupelm.*, n° 116). Il avait marié sa fille Catherine à « Baude Crespin li pere, bourgois de Cité » (Arch. du P.-de-C., *Saint-Vaast*, acte orig. de 1294. Voir Bibl. d'Arras, ms. 333, mai 1294). Josiel Esturion mourut en octobre 1267.

3. *Chansons et Dits*, note additionnelle, p. 32.

4. Jacquemart de Monchi figure en tête de l'échevinage de 1253, d'après le ms. de Cl. Doresmieux, *loc. cit.* Le *Nécrologe* inscrit son décès en 1269, après la Pentecôte. Par acte de mars 1270, n. st., le comte d'Artois confirma la vente faite par Thibaut Crespin à Jean de Monchi, bourgeois d'Arras, fils de Jacques de Monchi, de dix-huit mencaudées de terre à

Englebert Louchart[1], le claquet du moulin symbolique, pièce XXII, 53, n'a déclaré que quatorze cents livres. On a informé le roi de ce parjure ; il doit être satisfait.

Willaume as Paus[2], autre menteur émérite, n'est pas moins digne de sa faveur,

> v. 87. Car il est fins preudom loiaus :
> Tesmoins en a de deus muiaus.

Ce témoignage oral rendu par deux muets rappelle un autre certificat de loyauté délivré ci-devant sur enquête de commune renommée, pièce II, 4 :

> Jou l'oï dire Floevent.

Le sel humoristique est le même : indice d'une commune origine.

Henri Wagon[3], personne ne l'ignore, s'est taillé une fortune dans l'exécution testamentaire d'Adam Esturion[4]; il la dissi-

---

Buissy-les-Baralle, dont six près de la terre du seigneur d'Inchy. — Buissy et Inchy sont contigus. — Arch. du Nord, *Prem. cart. d'Art.*, pièce 234. Il existe un autre Inchy dans le Cambrésis.

1. Englebert Louchart est inscrit au *Nécrologe* en 1269, vers Pâques. Par acte du 1ᵉʳ janvier 1285, n. st., « Jakemon Louchart d'Arras, adont sergant le roy de Franche, fil jadis Englebiert Louchart qui mors est », donne cent livres de rente aux pauvres de Lille pour son âme et celle de Margueritain, sa femme. — Roisin, *Coutumes de Lille* (éd. Brun-Lavainne), p. 303. Fastoul, *Congé*, v. 157, salue ses fils « Jaquemon Loucart et Andriu ». Un autre Englebert Louchart, échevin d'Arras en févr. 1276, n. st., mourut en 1305, vers Pâques. Un troisième Englebert, moine de Saint-Vaast, est inscrit au *Nécrologe* à la fin de 1340. Ce prénom était porté par un Louchart dès 1170. Il se perpétua dans la famille; on l'y trouve encore au xvᵉ siècle.

2. Willaume as Paus, échevin en janvier 1267, n. st., mourut en 1268, après la Pentecôte (et non 1269, erreur de l'*Index* au mot **Paus**, reproduite ci-dessus pièce II).

3. V. sur les *Wagon* les notes de la pièce XXII.

4. Adan Esturion, comme nous l'avons dit plus haut, pièce IV, mourut en 1257, le 3 sept. d'après les obituaires de l'église N.-D. (Bibl. d'Arras, mss. 305 et 290). Outre son manoir de Bellemotte à Blangy, il en possédait un autre à Arras près de l'église Sainte-Croix, peut-être d'héritage, car, dès 1170, un Adam Sturiuns figure parmi les habitants du quartier (Guiman,

mule et voudrait faire accroire qu'une spéculation malheureuse
l'a ruiné :

> v. 102.   En Engletere envoia laine;
>   Mais li nés fu trop tost perie.

Envoyer des laines en Angleterre! le joli roman! Ce serait
porter l'eau à la rivière. L'invraisemblance choquante de l'im-
posture trahit la fourberie de son auteur. Cela ne signifie donc
pas, comme le dit l'*Index*, « qu'il prétendit avoir fait passer
une partie de sa fortune en ce pays », ni que « la laine figure
ici des sommes d'argent », pas plus d'ailleurs que dans la
pièce XIX[1].

Wagon Wion[2] renchérit sur son devancier, en alléguant
un prétexte ridiculement frivole pour simuler l'indigence :

> v. 124.   Il est keüs en grant poverte ;
>   Avant ier perdi deus oisiaus.

Plus avisé, Bertoul Verdière présente, sans dire mot, un
brevet illisible; c'est un grimoire auquel personne ne comprend
rien :

> v. 126.   Hé Diex, ki est uns damoisiaus
>   C'on apele Bertoul Verdiere...
>   En son brievet eut trop de vent.

Au lieu de séparer, comme on le fait ici, les vers qui précèdent en deux phrases indépendantes à partir de « Hé Diex »,

Cartul. de S.-V., p. 238). Dans cette propriété, du consentement de
l'évêque, de l'abbé de Saint-Vaast et de Rémi, curé de la paroisse, Adam
fonda, en 1243, une chapelle qu'il dota d'un revenu annuel de quinze livres
(Charte confirmative de l'évêque Jacques de Dinant, oct. 1248. *Regist.
chartar.*, etc., f° 182 v°). C'est la chapelle Saint-Jacques en Sainte-Croix,
vendue en 1494 par Martin de Rely à la confrérie des pèlerins de Saint-
Jacques et démolie en 1788. Le souvenir du fondateur s'est conservé, sous
un travestissement, dans le nom de *Chapelle-de-l'Escourgeon*, donné à une
maison de la rue Güinegatte : c'était la maison du chapelain, le presbytère,
mais non la chapelle, comme on le prétend dans *Les Rues d'Arras*,
t. II, p. 87.
  1. *Index*, au mot **Wagon**, 2°. — *Introd.*, p. 24.
  2. Waghes Wion était échevin en 1265 ; il mourut en décembre 1272
ou le mois suivant.

la ponctuation du texte imprimé les réunit en une seule. La raison nous en est donnée par l'*Index*, qui voit dans le rapprochement du deuxième et du troisième vers (125-126), une plaisanterie sur « Verdière », à la fois nom de famille et nom d'oiseau[1].

Il est cependant bien difficile d'admettre qu'un seul « damoisiaus » puisse être à la fois « deus oisiaus ». On ne s'explique guère non plus comment Wagon Wion a pu perdre Bertoul Verdière, puisque celui-ci n'est pas mort, et pas davantage en quoi cette perte l'aurait éventuellement appauvri.

La rencontre des mots « oisiaus » et « Verdière » est, croyons-nous, purement fortuite, et ce passage n'éclaire nullement les vers 115-120 de la pièce III, encore que, dans ceux-ci, le mot « verdière » paraisse cacher sous un jeu de mots quelque allusion personnelle encore inexpliquée[2].

Quant au *ki* du vers 126, il ne peut être qu'interrogatif, à moins d'y voir une faute de copie pour *chi*, ce qui serait plus clair, mais n'est qu'hypothétique.

Passons rapidement, pour abréger, sur Jean d'Estanfort, Ermenfroi de Paris, Jacques Joie, Hugues le Conte (li Quens)[3], Robert Aurri, Étienne de Souchés, Grart Faverel[4], Jacques le Cornu[5], nous bornant à citer pour mémoire ces représentants de l'oligarchie communale.

1. *Index*, au mot **Verdière**, 1°.

2. « Ces deux textes rapprochés, ajoute M. Guy, tendraient à prouver que Bertoul Verdière fut mis en prison. » Je croirais bien plutôt que le coup de filet de « cil de Givenci » (III, 109) fut une lucrative spéculation financière, comme celle de Gui, comte de Saint-Pol, dont elle est le pendant.

3. Ermenfroi de Paris mourut en 1276, à la fin de l'année ; Jacques Joie en 1270, vers novembre ; Hugues le Conte en 1271, vers septembre.

4. Robert Aurri, échevin en 1267, janv., n. st., est porté au *Nécrologe* en 1272, après la Pentecôte ; Étienne de Souchés en février 1273, n. st., et Grart Faverel « le vieux », en 1278, vers la fin de l'année. Ce « Grars Faveriaus li ainsnés, bourgeois d'Arras », avait acheté de Jakemon, fils de feu Gérart Faverel, la vavassorie de Méaulens, qu'il rétrocéda, en 1275, à l'abbaye de Saint-Vaast (Bibl. d'Arras, ms. 316, p. 131).

5. L'*Index*, au mot **Cornu** (JAQUES ou JAQUEMON), rencontrant ce nom

Dans le catalogue des brevets parjurés, la satire n'a eu garde d'oublier nos riches bourgeoises :

> v. 167.   Et dame Tasse li Anstiere [,]
> Ele seut bien trover maniere
> De mentir a ceste besoigne. [:]
> Li Cakemare li tesmoigne, [.]
> Ces deus coururent d'une laisse...

« Courir d'une laisse », c'est-à-dire « couplés à la même laisse », terme de vénerie, c'est, au figuré, s'associer pour atteindre un but. Le *Glossaire* traduit : elles coururent « en hâte[1] », d'où M. Guy infère à son tour l'exil volontaire ou forcé des deux complices ! En histoire, l'exégèse trop subtile peut mener loin[2].

L'*Index* signale deux Tasse Lanstière contemporaines, — ses références en supposent une troisième, — mais il ne dit rien de « li Cakemare[3] », ici vraisemblablement nom de femme, que l'absence de prénom laisse indéterminé. Ce nom est inscrit cinq fois au *Nécrologe* entre 1225 et 1316. On le rencontre aussi parmi les riches bourgeois de la Cité[4].

dans les actes pendant toute la seconde moitié du xiiie siècle, en conclut que le personnage de cette satire fut « mêlé à la vie publique de 1254 à 1302 ». C'est une erreur due à l'homonymie. Deux Jacques le Cornu se partagent cette longue période, l'un, qui est le nôtre, signalé dès 1253, mai (B. N., *Registrum capell.*, f° 17 r°), propriétaire d'immeubles contigus au manoir de Chaulnes en l'Estrée (*ibid.*, f° 106 r°), d'autres maisons reprises dans un chirogr. de mai 1261 (Arch. de l'hôp. Saint-Jean), de terres à Gouy, 1254-1268 (Inv. som. du P.-de-C., A, 16, p. 29, col. A), mourut en 1270, vers novembre. Le second, un des quatre gouverneurs intérimaires de l'échevinage en 1280, échevin en 1282... 1289, 1290, 1292, 1294..., mourut peu après la Pentecôte 1301.

1. Au mot **Laisse**, sans doute expliqué par « eslais ».

2. H. Guy, *Essai sur la vie et les œuvres d'Adan de le Hale*, p. 114.

3. L'article *li*, masculin et féminin, précédait souvent le nom propre ; exemples tirés du *Nécrologe* : Li Bretels Jachemes, 1229, 3[15] ; Li Hancarde Sare, 1252, 3[9] ; Li Prée Oede, 1252, 3[14] ; Li Crespins, 1263, 2[16] ; Li Crespins Ermenfrois, 1277, 1[4] ; L'Esturion Simon, 1263, 3[2] ; Li Doucete Agnes, 1263, 3[11] ; Li Patoule Maroie, 1271, 3[1] ; Li Boinehane Maroie, 1273, 2[13] ; Feme le Naimmeri Ansel, 1274, 3[8], etc. — Au Hesselin Jehan, 1266, 2[7] ; Au Cosset Jehan, 1271, 2[1] ; Au Turpin Renier, 1272, 3[11], etc.

4. Associé à André Wagon, bourgeois d'Arras, fils de feu Laurent Wagon

« Dame Marote li Mairesse déclare un chiffre insignifiant:
c'est braver l'opinion, car chacun la sait riche : l'argent remplit
ses coffres, elle mène un train de comtesse, — qu'importe?

> v. 179.   Li rois n'a pooir de li nuire
>   Car ses brievès le doit conduire.

On le voit, de par le roi et sous sa sauvegarde, la fraude est
devenue la loi d'Arras ; le mensonge y règne en maître, bourgeois et bourgeoises se parjurent à l'envi. Est-il donc vrai que,
dans ce naufrage de la moralité publique, on ait vu surnager
d'honnêtes consciences, résolues à sacrifier quand même l'intérêt
au devoir? L'auteur le dit; il en cite jusqu'à trois ! Mais à peine
a-t-on lu ces noms, flétris ailleurs comme synonymes de fourberie, qu'éclate aux yeux la contre-vérité sarcastique de
l'assertion, trait final d'un genre d'ironie conforme au caractère
de la première partie de cette satire.

> v. 189.   Hé Dex, con j'en conois teus trois
>   Dont cascuns est forment destrois.
>   Il n'ont mie alé au marès :
>   Robers Crespins et cil Garès
>   Et li tiers est Henris Nazars [1];
>   Cascuns *dit* k'il est *droit* musars,
>   K'il ont jué au dire voir
>   *Or* i lairont de leur avoir [2].

(V. la pièce XXII), Nicholas Kakemare, bourgeois de l'Évêché, prêtait de
l'argent au comte de Flandre, en 1279 et 1280 (*Inv. des ch. de Rupelmonde*,
nᵒˢ 245, 261, 262). Il était échevin de la rue des Maus en Cité, en oct. 1289
(B. N., Moreau, ch. t. 210, fᵒ 30). — La femme d'Adam Kakemare, fut
mise à l'amende, en 1308, pour parjurement de brevet. Voir *Note sur le
registre de la Confrèrie des Jongleurs* dans les *Comptes rendus de l'Acad.
des Inscript. et Belles-Lettres* (1899), t. XXVII, p. 474.

1. Le *Nécrologe* enregistre Robert Crespin en 1237, 2ᵘ. Son fils Robert
continuait ses affaires de finance en déc. 1242 (Du Chesne, *Béthune,*
preuves, p. 373). C'est apparemment ce même Robert qui figure dans les
échevinages de janvier 1263, n. st. (Hôp. Saint-Jean, chirogr.), et de 1265
(Bibl. d'Arras, ms. 316, p. 261). — Sur Garet (Jacques Louchart) et Henri
Nazart, voir ci-dessus la pièce II.

2. Lire d'après le ms. : *dist — drois — orc.*

« Aller au marais » signifie, d'après le *Glossaire* « s'embourber », au figuré « ne pas y voir clair dans ses intérêts[1] ». D'où l'on doit nécessairement conclure que, puisque « il n'ont mie alé au marès », nos trois personnages seraient parvenus à se tirer d'affaire, — contradiction flagrante avec les deuxième et dernier vers de la citation.

Le *Congé* de Fastoul donne à cette expression un tout autre sens :

> Ne doi mais aler au marès,
> Servir m'estuet d'un autre mès
> Ke de mokier et de cifler,
> Car Danekins et Véélès...
> Mal m'ont apris à behourder.
>
>   (Méon, *Fabl.*, I, p. 131).

A Arras, comme ailleurs dans la région, le « marais » c'est le communal, terrain tout indiqué pour les jeux, luttes, exercices et ébattements populaires. Le lépreux gémit de devoir y renoncer pour toujours. « Aller au marais » serait donc, au figuré, folâtrer, se divertir, être en liesse[2].

Là s'arrête l'ironie du « dire vrai ». L'auteur jette le masque, et renonçant aux détours de la fiction, il attaque de front les membres d'un échevinage antérieur dont les malversations ont ruiné la ville et déchaîné la discorde :

> v. 199. Li eskevin devant l'abé
>   *Comment*[3] k'il nos aient gabé
>   Ne mené par faumonement,
>   Et trespassé leur sairement,

---

1. Au mot **Mares**.

2. On trouve dans deux jeux-partis « aller au marescoi », que Scheler interprète par « s'embourber ». L'explication semble très satisfaisante dans l'espèce, mais elle ne peut convenir à nos deux exemples. Faut-il donc en conclure, malgré les apparences, que ces deux locutions n'ont aucun rapport idéologique ? Ou bien « aller au marescoi » ne serait-il pas l'équivalent du « mokier et cifler » de Fastoul ?

3. Aux *Additions et corrections*, p. 164 : « XXIV, 200, *Lire :* conment. » — Le ms. écrit *coment*.

[Bibliothèque Nationale — cachet]

> S'ont il d'avoir vint et set tans
> K'il ne nomaissent en leur tans ;
> Entour vint et set mile livres
> Troeve on lisant ens en leur livres.

Autant que l'on peut comprendre, il s'agissait d'une dissimulation ou d'un détournement de vingt-sept mille livres sur le produit des tailles :

> v. 207.   Trop malement, voir, s'avillierent
> Quant a leur tans ensi taillierent :
> Par leur mesfais *firent*[1] tel taille
> Dont Arras est en tel bataille.

Ce scandale mit la ville en grand émoi. Les échevins furent cités, enquêtés, confrontés. En fin de compte, l'accusation aurait succombé; les inculpés parvinrent à se justifier, tout au moins devant la cour, sinon devant l'opinion populaire. De là « le deuil et l'ire » au cœur du poète, qui vient à son tour venger l'opinion, dénoncer les méfaits de la haute bourgeoisie et rendre le roi responsable des fraudes et malversations que sa justice laisse impunies :

> v. 211.   Li abés en fu mal baillis,
> Et a le cour trop assaillis ;
> S'il avoit cuer de lui deffendre
> Il les poroit trestous reprendre.

Quel est cet abbé, « le bon abbé » déjà mentionné dans les pièces II, 69 et XIII, 58 relatives au même objet? Quel rôle joue-t-il dans l'affaire? Nos satires sont malheureusement le seul témoignage qui nous reste sur ce conflit, et l'imprécision de leur texte ouvre carrière aux conjectures les plus diverses, sans permettre de rien affirmer.

En revanche, nous trouvons là un document chronologique d'une importance capitale, la liste des douze membres de l'échevinage accusé de prévarication :

> v. 224.   Jel di por voir et sans cuidier[2],

1. Ms. *fisent*.
2. Le *Glossaire* traduit « sans cuidier » par « sérieusement, *pour de*

déclare l'accusateur, de ces douze, huit sont encore vivants : Pierre Wion, Jean Cosset, Audefroi, Jacques de Monchi, Michel le Waidier, Raoul au Grenon, Thomas de Castel et Colart de Courcelles[1] ; quatre sont morts : Jean le Vinier, Robert Maraduit, Grard Revel et Copin Doucet.

La liste de l'échevinage une fois clouée au pilori de la satire, le trouvère conclut en lançant une suprême injure à ce « clapier », dont l'effondrement a révélé des dessous immondes et fait choir Arras dans la... « cendrée » :

> v. 234.   Or ne voel plus parler de ces,
>   K'il sont en estrange païs ;
>   Se j'en di plus, iere haïs,
>   Mais nequedent dirai je : « bouse »
>   De ces eskevins *trestout douze*[2].
>   Ore est li clapoire *effondree*[3]
>   Dont Arras est en le cendree[4].

III

C'est Paulin Paris qui a révélé le premier la portée historique de nos satires, en les rattachant à la biographie d'Adam

bon », ce qui supposerait à « cuidier » un sens approchant de « rire, plaisanter » qu'on ne lui connaît pas. Le « cuidier », penser, présumer, est opposé au « savoir » de science certaine : d'où « sans cuidier », c'est-à-dire en toute certitude, sans hésiter.

3. Les noms des huit échevins encore vivants sont inscrits au *Nécrologe* dans l'ordre suivant : Pierre Wion (Guido), 1268, 2ᵛ ; Jacques de Monchi, 1269, 1ᵛ ; Colart de Courcele (Courcelois), 1269, 2ʳ ; Jean Cosset, 1271, 2ʳ ; Thomas de Castel, 1271, 2ᵛ ; Raoul au Grenon, 1272, 3ʳ ; Audefroi Louchart, 1273, 1ᵛᵛ ; Waisdier Michel ? 1274, 2ᵛ.

Pierre Wion, Jean Cosset et Colart de Courcele étaient échevins en avril et mai 1263. Jacques de Monchi, Jean Cosset, Nicolas de Courcele et Audefroi Louchart figurent dans la liste échevinale de 1253.

4. Ms. *trestous douse*.

5. Ms. *esfondree*.

6. Inapplicable à la pièce ci-dessus, X, 15-18, le sens indiqué par le *Glossaire* au mot **Clapoire**, d'après l'exemple de 1398 dans Du Cange, CLAPERIUS, paraît convenir à cet endroit. L'épithète de « clapoire », XXII, 56, précise l'euphémisme « cendrée ».

de la Halle[1]. Monmerqué le suit de près ; comme son devancier, il essaya de reconstituer à l'aide de ces pamphlets le milieu politique et social où le célèbre trouvère avait vécu, et comme lui, il crut y voir l'explication de son exil et de son séjour à Douai[2].

Les biographes suivants n'ont guère fait que tourner dans le cercle tracé par ces deux initiateurs : ils leur empruntent cadre et canevas, sauf à combiner et broder de diverses manières les faits et les dates, sans apporter d'ailleurs aucun élément nouveau à la solution du problème.

M. Henry Guy vient de reprendre le sujet dans son *Essai sur Adan de le Hale*[3], travail considérable, où tout ce qui touche de près ou de loin à la vie et à l'œuvre du trouvère artésien est exposé, discuté, développé dans des proportions inconnues aux notices antérieures. Le contraste de cette abondance avec la pénurie des sources documentaires met en lumière l'art ingénieux de l'écrivain et la remarquable fécondité de sa critique historique et littéraire.

Ce n'est pas ici le lieu de soumettre à une épreuve d'ensemble la solidité de cette brillante évocation biographique. Les satires n'ayant trait qu'à une des phases de l'existence agitée du poète, son implication dans l'affaire de la taille, l'examen doit s'en tenir là pour le moment.

M. Guy consacre à ce sujet deux chapitres de son livre. Il se demande d'abord comment, au XIIIe siècle, se faisait à Arras la perception de cet impôt communal; en second lieu, quand éclatèrent les troubles; enfin quelle fut la répression des fraudes dénoncées dans les pamphlets.

Sur le premier point, nettement déterminé quant au temps

1. Notice sur Adam de la Halle dans l'*Encyclopédie catholique*, t. I, p. 337 (1838).

2. *Théâtre français au moyen âge*, par L.-J.-N. Monmerqué et Francisque Michel (1839).

3. *Essai sur la vie et les œuvres littéraires du trouvère Adan de le Hale*, par Henry Guy, maître de conférences à la Faculté des lettres de l'Université de Toulouse. — Paris, Hachette, 1898, 605 p.

et quant au lieu, le biographe a cru pouvoir suppléer aux lacunes des documents artésiens de l'époque, à l'aide de témoignages empruntés à ceux d'un autre temps ou d'un autre pays[1].

Nous avons signalé déjà le péril de ces inductions analogiques et rétroactives : l'institution des Vingt-Quatre, confondue avec la Vingtaine de la draperie, et par suite antidatée d'un siècle, en a fourni un premier exemple. Nous en trouvons un autre dans l'*Essai sur Adan*[2], où on lit, non sans quelque surprise : « Les échevins avaient usurpé ces fonctions (de répartiteurs de la taille) que la démocratique ordonnance du pieux roi ne leur attribuait aucunement. »

Ces derniers mots visent une prescription réglementaire instituant dans les villes, — on ne sait lesquelles, — des commissions de répartiteurs élus : acte informe, sans intitulé, sans date, que de Laurière a classé néanmoins parmi les ordonnances de saint Louis, en y joignant en note un passage de Beaumanoir tiré des *Coutumes du Beauvoisis*. Au point de vue général, ces textes ont leur importance; mais en quoi concernent-ils Arras? Les villes privilégiées du comté échappaient à l'action directe des ordonnances du roi sur la police de ses domaines. Elles étaient régies par leurs chartes constitutionnelles, en même temps que par leurs coutumes, celles-ci contemporaines de leur première organisation politique. La taille s'y rattachant devait, comme le reste, rentrer dans les attributions de leur suprême organe administratif. L'échevinage n'avait donc rien usurpé.

Nos satires, d'ailleurs muettes sur ce grief, ne nous en

---

1. M. Guy renvoie fréquemment à une charte des Archives du Pas-de-Calais cotée A, 108, sans en indiquer la date. Le lecteur pourrait croire qu'il s'agit d'un document du temps. C'est une ordonnance de Philippe le Hardi, duc de Bourgogne et comte d'Artois, du 20 avril 1387, réformant la perception de la taille communale pour l'adapter aux nécessités budgétaires du moment. — La *Chronique de la ville d'Arras*, du greffier Bacler, publiée en 1766, peut encore moins éclairer la question. V. *Essai sur Adan de le Hale*, p. 90, note 2.

2. Ch. III, p. 90.

disent guère plus sur la nature et l'importance du subside qui
souleva ces débats. Un chiffre de vingt mille livres s'y heurte
à une somme de vingt-sept mille, sans qu'on s'explique d'où
vient la différence. On ne sait pas davantage s'il s'agissait de
la taille ordinaire ou d'une taille extraordinaire. D'après la
charte de 1270 [1] *costuma que vintena vocatur*, la « vintaine »
de la pièce II, 32, semblerait désigner une taille permanente.
Cependant M. Guy n'hésite pas à la déclarer extraordinaire,
et il part de cette donnée pour expliquer, comme il suit, l'enchaînement des faits :

On sait que Louis IX leva des aides en 1267, à cause de la
chevalerie de Philippe, son fils, et de la croisade. En 1268, son
neveu Robert fit à son tour appel aux bonnes villes d'Artois
pour l'expédition d'outre-mer. Ces subsides réclamés d'une
seule fois grevèrent les contribuables et suscitèrent de nombreux mécontentements. De là les troubles d'Arras. Ils éclatèrent en 1269, et, cette même année, « le fils de maître Henri
fut banni [2] ». Telle est la conclusion.

La date de 1269 assignée par M. Guy à l'affaire de la taille
n'est pas une hypothèse nouvelle; elle avait été proposée par
P. Paris [3], bien que le savant académicien, ait montré quelque
préférence pour 1260 [4], — car on peut négliger la date 1280
qu'il a hasardée plus tard, à la suite d'un historien local mal
informé [5]. Monmerqué, au contraire, avait fixé son choix sur

1. *Inv. chron. des ch. de la ville d'Arras*, Doc. XXXVII, p. 36.
2. *Essai*, p. 142.
3. *Les Manuscrits françois de la Bibl. du roi*, t. III, p. 235 (1840).
4. *Encycl. cathol.*, t. I, p. 338 (1838), et *Hist. litt.*, t. XX, p. 661.
5. « En 1280, il y eut une taille mal assise, mal distribuée, mal perçue...
Nous gardons encore à la Bibliothèque du Roi de nombreuses pièces satiriques sur le scandale de la *taille mal assise*. » — (V. art. ARRAS dans
Aristide Guilbert, *Hist. des villes de France*, t. III, p. 322 (1845). P. Paris
emprunte cette date et le reste du paragraphe à Dom Devienne, qui a commis
en cet endroit les plus étranges confusions, prenant Marguerite de France,
comtesse de Flandre, d'Artois et de Bourgogne en 1380, pour Mahaut,
comtesse d'Artois, qu'il place en 1280, et rapportant à celle-ci des événements
qui n'eurent lieu qu'un siècle plus tard (Dom Devienne, *Hist. d'Artois*,

1265-1266[1], opinion généralement adoptée par les érudits.

Si Arras possédait, comme certaine ville voisine, les séries de ses échevins pendant la seconde moitié du xiiie siècle, la satire nous donnant les noms des inculpés, on aurait vite résolu le problème. Mais jusqu'ici cette longue période n'a fourni à nos recherches que des fragments clairsemés et très peu de listes complètes. Encore est-on fort heureux d'avoir à peu près celle de 1264-65, et, pour chacune des années suivantes, quelques noms disséminés dans de trop rares chirographes, jusqu'en février 1268, n. st. A partir de là, plus rien avant septembre 1270[2].

trois[e] partie, p. 8). Dans le récit de ces mêmes événements, qu'il emprunte à son tour à P. Paris, E. Lecesne se contente de substituer chronologiquement Robert II à Mahaut, sa fille (*Hist. d'Arras*, t. I, p. 135). Cf. *Inv. chron. des ch. de la ville d'Arras*, Doc. CXXXII, charte de Marguerite, du 23 juillet 1379.

1. *Théâtre fr. au moyen âge*, p. 25.

2. Voici les échevins que j'ai relevés de 1260 à 1270 : 1260, rien. — 1261, mai : Andrieus Louchars et Jehans li Waidiers ; octobre : Henris de Castel et Ghilebers Belins (Hôp. Saint-Jean-en-l'Estrée, *Saint-Jacques*). — 1262, fév., n. st. : Tibaus Revians et Andrieus Loucars ; octobre : Andrieus Louchars, Tibaus Revians, Henris de Castel et Tumas li Normans. — 1263, janv., n. st. : Jakemes Trauelouche, Jakemes li Taillieres et Robers Crespins (*ibid.*) ; 28 mars : Johannes Cosses, Petrus Guidonis, Nicholaus de Courcellis, Willelmus Vitulus, Jacobus li Caudreliers, Johannes Parens, Johannes de Hees (Bibl. d'Arras, Le Pez, ms. 316, p. 204) ; avril : Jehans Parens et Tibault du Bos (*Inv. des ch. de la Ville*, Doc. XXXVII) ; mai : Nicholes de Courceles et Jehans Cosses (Hôp. Saint-Jean). — 1264, rien. — 1265, 28 févr., n. st. : Robers Auris et Adans li Markaans ; avril : Hues Louchars et Adans li Markaans (Hôp. Saint-Jean) ; avril : Watiers de le Vigne, Jehans Huquediu, Robers li Normans, Baudes Bechons, Baudes Fastous, Waghes Wions, Pierres li Waisdiers, Mahius d'Anzain, Robers Crespins (Bibl. d'Arras, Le Pez, ms. 316, p. 261). — 1266, juin : Robers li Normans et Wautiers de le Vigne. — 1267, janv., n. st. : Gilles li Rois, Robers Auris, Pieres li Anstiers, Willaume as Paus ; juin : Tumas li Normans et Jehans Naimmeris (Hôp. Saint-Jean).— 1268, n. st., 1re semaine de février : Estevenes de Souces, Robers Auris, Jakemes li Caudreliers (Collection Gilet, chirogr. orig.). — 1269, rien. — 1270, sept. : Jakemes Foubers, Pieres li Waisdiers et Tumas li Normans ; octobre : Estievenes de Souces et Pieres li Waidiers (Arch. de l'hôp. Saint-Jean-en-l'Estrée, *Saint-Jacques*, chirogr.).

Or, de Pâques 1265 à février 1268, période d'ailleurs extensible[1], nulle part on ne trouve place pour la liste de la satire; elle est partout en discordance avec les données des chirographes. Reste l'intervalle qui suit, où, jusqu'à présent, elle ne rencontre, de ce chef, aucune fin de non recevoir. Théoriquement donc, l'échevinage qu'elle représente pourrait être supposé à cheval sur 1268-1269, ou, si l'on veut, sur 1269-1270; mais alors surgit une autre difficulté.

On a vu que, lorsque la satire dernière fut composée, l'échevinage en cause avait perdu le tiers de son effectif; quatre membres sur douze étaient morts. Il avait dû conséquemment s'écouler un certain laps de temps entre la sortie de charge de ces douze échevins et les récriminations dont les survivants sont ici l'objet. D'autre part, saint Louis mourut le 26 août 1270. Faudrait-il donc renvoyer au temps de Philippe le Hardi une manifestation littéraire dont toutes les allusions portent le cachet incontestable du règne précédent? La conséquence condamne l'hypothèse.

Malgré tout, ce n'est encore là qu'un argument d'invraisemblance, qui, s'il était isolé, risquerait fort de laisser des chances à quelque échappatoire. Mais on n'a pas que des conjectures à opposer au choix de l'année 1269; le *Nécrologe* nous fournit une preuve directe autrement décisive dans les actes de décès des personnages mêmes de cette revue satirique. Voici entre autres dates celles qu'on y relève:

Pierre Wion (Guido), un des huit échevins survivants, mort vers octobre en 1268 (2ˢ)[1]; Guillaume as Paus, si souvent mentionné dans nos pièces, même année, peu après la Pentecôte 1268 (1ˢ); Josiel Esturion, qui les précéda, en octobre 1267 (2ʳ);

---

1. La durée de l'échevinage était de quatorze mois; et, dans les relevés qui précèdent, on ne peut savoir à quelle partie de cette période correspond la mention.

2. Le chiffre qui suit une date tirée du *Nécrologe* est celui du terme de l'année auquel le nom appartient: **1**, de la Pentecôte à la Saint-Rémi; **2**, de la Saint-Rémi à la Purification; **3**, de la Purification à la Pentecôte. Le chiffre minuscule indique le numéro d'ordre.

enfin Bertoul Verdière, cet usurier que les *Vers de la Mort*
nous représentent un pied dans la tombe, sinon les deux, tré-
passé vers octobre en 1266 (2⁴) [1].

L'*autorité des chiffres force* donc la composition de la
satire à rétrograder d'un certain nombre d'années, et ce mouvement de recul entraînant tout le reste, l'édifice si artistement
construit autour de 1269 s'écroule de fond en comble.

Ce n'est pas tout: après cette première étape en arrière, l'hypothèse va devoir en franchir une seconde. On a lu plus haut
les noms des quatre échevins décédés avant que la satire fût
écrite. De ces quatre décès nous avons les dates, trois certaines et une approximative. La dernière résulte d'une charte
de mars 1265, n. st., où il est fait mention de *feu* Copin Doucet,
autrement dit Jacques Doucet [2]. Voici, maintenant, dans un
ordre rétrograde, celles des trois autres échevins d'après le
Nécrologe : Grart Revel (Reviaus), 1262, 2 ¹⁷; Robert Maraduit,
1262, 1¹; Jean le Vinier 1260, 1¹.

Donc, à moins de récuser le témoignage du registre de la confrérie, ou de s'inscrire en faux contre le caractère nécrologique
que nous lui avons attribué, on sera forcé de conclure: 1⁰ que
l'échevinage incriminé siégea antérieurement à la Pentecôte
1260; 2⁰ que la composition de la satire où on l'invective est
postérieure à la Pentecôte 1262.

Il nous reste un dernier point à examiner, celui des répres-
sions.

Elles auraient été terribles, d'après le récit dramatique

---

1. Les douzains CIV et CV des *Vers de la mort* sont relatifs à
Bertoul Verdière. Le premier nous le montre accablé de vieillesse et fait
allusion à son testament, le second semble dire qu'il est mort. Le poème
serait donc de la fin de cette année 1266.

2. En mars 1259, v. st., Jakemon Doucet reçoit quittance d'une rente
sur son manoir de Demencourt (Duchesne, *Béthune,* preuves, p. 383).
C'est le manoir « ultra pontem de Miaulens », inscrit, en 1261, au nom de
Copinus Douces dans les *Hostagia* de l'église N.-D., f⁰ 38 (B. N., lat.
10972). Le Doc. XXXII de l'*Inv. chron. des chartes de la ville d'Arras*
est un acte de vente consentie par la veuve de Copin Douchet, avec la
garantie de ses enfants, 31 mars 1265, n. st.

qu'en a fait M. Guy. Non seulement « les inculpés furent pour
la plupart complètement dépouillés [1] », — ce qui est déjà une
singulière aggravation de la pénalité fiscale alors en usage, —
mais ils durent prendre le chemin de l'exil :

« Une longue caravane de proscrits quittait le territoire.
L'échevin fuyait à côté du membre de la *Vintaine* et le bourgeois parjure accompagnait le magistrat partial. Contrôleurs et
contrôlés, taillés et *tailleurs* subissaient semblable sort, et se
rencontrant hors des frontières du pays, ils se réconciliaient
dans la communauté du malheur, oubliaient leurs griefs réci-
proques afin de maudire et de combattre le même adversaire,
c'est-à-dire le seigneur ou le souverain. — Voilà précisément
ce qui advint à Arras lorsque Adam en fut chassé. La haute
société se vit mutilée d'un seul coup, édiles et contribuables [2]. »

Il est au moins étrange qu'aucun chroniqueur, qu'aucun
document d'archives ne rappelle un si gros événement, — je
passe sur la conspiration des émigrés, fantaisie historique empruntée, comme accessoire, à des souvenirs beaucoup moins
anciens. Mais la proscription, qui donc en parle ? Ce n'est pas
la satire : l'auteur ne cesse de crier vengeance, il appelle la
répression, il l'annonce, il menace, et la répression ne vient
pas. C'est précisément cette impunité scandaleuse qui, jusqu'au dernier vers, lui a mis « le deuil et l'ire » au cœur et l'injure à la bouche [3].

1. Essai sur *Adan de le Hale*, p. 93, note 4.
2. *Ibid.*, p. 94.
3. Je ne vois dans la dernière satire qu'un passage susceptible de fournir
un argument à la thèse de l'exil des échevins, et M. Guy ne l'a pas relevé.
Le voici :

> v. 234   Or ne vuel plus parler de ces
>   K'il sont en estrange païs;
>   Se j'en di plus iere haïs.

En se reportant à la fin de notre analyse de la pièce **XXIV**, on voit que
ces vers suivent l'énumération des douze échevins inculpés, dont quatre
sont morts : « Je ne veux plus parler de ces (coupables), puisqu'ils sont en
pays étranger. » A qui rapporter *ces ?* Aux huit survivants ou aux quatre
trépassés ? — car ce serait un non-sens de l'entendre à la fois des deux
groupes. Dans la première alternative, l'absence des anciens échevins

Le *Motet* d'Adam est-il plus explicite ? Son thème le rattache au *Congé :* les deux font pendant, c'est le même son de cloche. On les a disjoints, arbitrairement et à tort; nous verrons pourquoi. En attendant, que disent-ils? Qu'Arras est « fourmenés », — quand ne le fut-il pas ? — qu'on n'y fait que mentir ; qu'il n'y « court ni droit ni loi » ; qu'on n'y aime que l'argent; que la convoitise des gouvernants a épuisé la bourgeoisie; que les riches (Pierre Poucin par exemple) désertent Arras pour la Cité; que la Ville dépérit et se dépeuple au profit de sa voisine; qu'enfin, abandonnant tout, foyer, affaires, amis, les opprimés s'en vont tristement, « ça deux, ça trois », chercher hors d'Arras un séjour moins inhospitalier.

Ce spectacle n'était pas rare dans notre bourgeoisie industrielle. Quand les charges imposées a l'association devenaient intolérables, une crise éclatait, la lutte des classes passait à l'état aigu, on rompait le pacte et l'exode commençait[1].

On comprend qu'émigrant lui-même, le trouvère ait pu forcer quelque peu la note de l'émigration; il aura sans doute poussé au noir le fond du tableau pour que sa personnalité ressorte mieux au premier plan. Mais parle-t-il de bannissement ? Nulle part. Où se voit donc « cette longue caravane de proscrits » qui semble vouloir rappeler l'expulsion en masse des habitants d'Arras par Louis XI en 1479 ? Dans l'imagination des biographes, pas ailleurs.

pourrait s'expliquer par une absence volontaire, sans qu'il soit nécessaire de les supposer bannis. Dans la seconde, la pensée de l'auteur serait qu'il se tait, parce que s'acharner contre ceux qui sont partis pour l'autre monde, « en estrange païs », peut paraître odieux. L'itinéraire équivoque tracé par le poète à l'âme d'Adam de Vimi pour ce *grand voyage* est dans le ton de cette périphrase. J'ajoute qu'il n'était pas nécessaire d'aller bien loin pour être en « païs estrange »; Baude Fastoul appelle ainsi la maladrerie où il doit se rendre, aux faubourgs d'Arras. *Congé*, v. 519.

1. A partir de 1280, on voit se reproduire les mêmes luttes entre « le commun et les grands ». Nous avons de cette époque des dénonciations où l'on trouve formulés en prose les mêmes griefs que nos satires exposent en vers, et contre les mêmes noms de l'oligarchie financière. L'analogie est tellement frappante, qu'à première vue ces documents semblent se rapporter à une seule et même affaire.

Ce sont eux qui, dès le début, ont établi une corrélation entre les satires, le *Motet* d'Adam et le *Congé* de Fastoul ; la subtilité des commentaires a fait le reste. L'exil du trouvère artésien et son séjour à Douai, tel est le fait initial qui, par un groupement artificiel de témoignages disparates, a déterminé l'orientation de la critique et l'a fourvoyée.

M. Guy consacre à la question de l'exil tout le quatrième chapitre de son ouvrage. Après avoir établi qu'il eut lieu sous saint Louis, à une époque que les satires laissent indéterminée, il trouve cette détermination dans les *Vers de la Mort*. D'une part, ces vers font allusion à l'affaire de la taille ; de l'autre, ils ne peuvent être que de l'année 1269 : donc il faut dater de cette même année le *Motet*, le *Congé* de Fastoul, le bannissement des parjures et celui du trouvère.

On connaît déjà la réponse du *Nécrologe* en ce qui concerne cette date et l'exil des bourgeois.

Pour celui d'Adam en particulier, une autre question se posait à son biographe, celle de sa durée. Elle n'aurait guère, pense-t-il, excédé deux ans. Le nouveau roi Philippe III vint, en effet, visiter Arras en septembre 1271. Il ne pouvait faire moins que de gracier le futur ménestrel du comte d'Anjou. Il fit mieux : tous les bannis furent compris dans une amnistie générale. Rapprochant de cette date certaines lettres de janvier 1272, M. Guy conclut qu'Adam, exilé en 1269, gracié en septembre 1271, dut revenir de Douai entre cette dernière date et le mois de janvier suivant[1].

Rien de plus logique. Il n'y a qu'un malheur, c'est que toute cette histoire est un pur roman. Adam ne revint pas de Douai, par l'excellente raison qu'il n'y était jamais allé, — en exil, s'entend. Cette fable répétée depuis soixante ans par tous les biographes n'a d'autre fondement qu'une méprise. L'erreur provient de deux strophes du *Congé* de Fastoul mal inter-

---

1. Les lettres en question, datées de janvier 1272, sont en réalité de 1273, date qu'elles portent dans notre *Inv. chronol.*, Doc. XLIII. On a omis ici de rectifier le style.

prétées. Deux personnages différents ont été fondus en un ; en voici la preuve :

> v. 469. Cuers en cui grans anuis s'aaire,
>   Droit à Douai te convient traire
>   A ceus ki d'Arras sont eskiu ;
>   Segneur Henri di mon afaire
>   Et Adan son fil, puis repaire,
>   Si pren congié à Bertremiu.
>   . . . .
>
> v. 493. Anuis que je sueffre et endure.....
>   Me fait au fil maistre Henri,
>   Adan, et à Lambert Ferri
>   Prendre congié.........
>   . . . .

On a cru que, dans ces deux passages, l'auteur se répétait. Or, nulle part dans les *Congés* on ne voit Bodel, Fastoul, ni Adam adresser une seconde fois leurs adieux à un personnage précédemment salué. Cette réflexion devait suffire à elle seule pour faire distinguer les deux Henri ci-dessus et les deux Adam, leurs fils, malgré l'homonymie.

Mais il y a plus ; la distinction saute aux yeux à la simple lecture : l'un est *seigneur* Henri, l'autre *maître* Henri, le premier un laïc, le second un clerc. Comment a-t-on pu les confondre? Le père de notre Adam est connu partout sous le nom de *maître* Henri. Ce n'est donc pas son fils qui était « eskiu » à Douai, c'était un autre. Le trouvère demeurait toujours à Arras, puisque c'est à Arras que Fastoul le salue en compagnie de Ferri, son confrère en Apollon.

Si l'on demande quels étaient les deux transfuges alors séjournant à Douai, il sera naturellement impossible, sans le nom de famille, de répondre avec certitude. On peut cependant supposer entre autres Henri de Castel et son fils Adam : le premier, échevin en 1257, poursuivi à cette date par le comte de Saint-Pol, comme on l'a vu ailleurs, échevin de nouveau en 1262, décédé en 1275, 2² ; le second, reconnu titulaire d'une créance sur la ville de Gand à la mort de son père, témoin d'une resaisine en 1277, mort en 1298, 1².

Et maintenant que reste-t-il de cet ingénieux échafaudage d'hypothèses chronologiques s'étayant les unes les autres et soutenues en l'air par celle d'un bannissement imaginaire ? L'illusion s'évanouit et l'obscurité plane de nouveau, aussi épaisse que jamais, sur cette période de la vie du trouvère artésien.

La défiance légitime qu'inspire cette constatation étend l'incertitude à d'autres points de la biographie. On se demande, par exemple, si le *Congé* porte une date plus sûre que celui de Fastoul, — que celui de Bodel surtout ; si la paternité du *Jeu de la feuillée* est aussi certaine qu'on veut le croire ; si le Puy d'Arras a été « restauré » d'après des données bien incontestables.

Il ne saurait entrer dans notre pensée d'examiner incidemment des questions aussi complexes ; elles sont d'ailleurs en dehors de notre sujet. Mais, puisque maître Henri nous a entraîné à les poser, nous ne terminerons pas sans donner sur ce clerc d'Arras un renseignement inédit, qui fournira un point de repère de quelque importance pour reconstituer la biographie du fils : « Maistre Henri Bochu » mourut en 1291, vers la fin de mars. Voir le *Nécrologe*.

Additions et Corrections. — Sous ce titre, M. Jeanroy, revenant page 163, sur le vers 28 de la pièce XVI :

> Nus menestreus ne doit plakier,
> Mais as mauvais grans cols dakier,

modifie la ponctuation en ajoutant une virgule après *mauvais*. Comme d'autre part le *Glossaire* traduit « plakier » par *appliquer, assener,* la dernière interprétation serait : Nul menestrel ne doit assener, sauf aux méchants, de grands coups.... Mais que devient *dakier,* sur lequel le *Glossaire* reste muet ? Faut-il comprendre *grans cols d'akier?* Nous pensons que la première ponctuation est la bonne ; que *dakier* est un verbe à expliquer par *daca,* dague; que *plakier* ne signifie pas « assener », mais recouvrir d'un enduit, au figuré, farder, masquer, dissimuler. C'est ainsi que Fastoul l'emploie pour affirmer la sincérité de son affection, *Congé,* v. 212 :

> Car jes aim de cuer sans plakier,
> Onques ne seuc amer a gas,

APPENDICE

LE CONGÉ DE JEAN BODEL

Le *Congé* de Bodel, personne n'en doute, fut écrit à la veille
d'une de nos grandes expéditions d'outre-mer, soit celle de
Constantinople, 1201-1204, soit celle d'Égypte, 1248-1250[1].
Arthur Dinaux adopte cette dernière date. Paulin Paris, dans
un travail plus documenté, s'était prononcé en faveur de la
première, et son opinion fut admise par la plupart des cri-
tiques, depuis M. Gaston Raynaud jusqu'à M. Wilhelm Cloëtta.

La question paraissait donc résolue, lorsque M. Henry Guy
a repris dernièrement pour son compte la thèse de Dinaux, en
reportant la date du *Congé* à 1249 et même 1250[2]. Voici les
raisons qu'il oppose à l'argumentation contraire :

1° « Avoeresse de Béthune et dame de Tenremonde » n'est
pas, comme le prétend P. Paris[3], une qualification s'appliquant
exclusivement à Mahaut, femme de Guillaume le Roux, avoué
d'Arras sous Philippe-Auguste. On la retrouve identiquement
semblable sur le sceau d'une autre Mahaut, celle-ci femme de
Gui de Dampierre, avoué d'Arras au temps de saint Louis.

2° Ansel de Beaumont, celui du *Congé*, ne peut être non
plus identifié sans invraisemblance avec Anseau de Beaumont,
cité par Henri de Valenciennes au nombre des seigneurs de
marque qui se croisèrent en 1202.

3° La *Pastourelle* de Bodel, où P. Paris croit voir des allusions aux dissensions tournaisiennes de 1187, s'applique bien

1. Monmerqué, *Théâtre français au moyen âge*, p. 158, non seulement
fait de Bodel « le contemporain et le rival d'Adam de la Halle et de Baude
Fastoul », mais rattache le *Congé* à la dernière croisade de saint Louis!
2. *Essai sur la vie et les œuvres du trouvère Adan de le Hale*, appen-
dice, p. 565.
3. *Hist. litt.*, t. XX, p. 610.

plus vraisemblablement aux dévastations de la campagne de
Philippe-Auguste dans le Nord en 1213.

4° Les personnages du *Congé* relevés par M. G. Raynaud
dans divers documents, soit à la fin du XII°, soit au commencement du XIII° siècle, se retrouvent cités ailleurs à des époques
plus récentes, ce qui frappe d'incertitude les identifications
proposées.

Le terrain une fois déblayé par cette argumentation néga-
tive, M. Guy cherche à réunir un faisceau de vraisemblances
favorables à sa thèse, commentant habilement diverses parti-
cularités du texte, invoquant certaine date de fondation de « la
tour du petit marchié¹ », alléguant surtout la mention d'un
Bretel et d'un Bauduin Fastoul dans le *Congé*, pour faire de
Bodel le contemporain des deux trouvères leurs homonymes
et ramener à la première croisade de saint Louis la date de
cette composition.

L'examen du problème nous paraît conduire à une solution
toute différente.

Sur le premier point, rappelons d'abord que P. Paris a
devancé la critique en corrigeant lui-même en note ce qu'il y
avait de trop absolu dans l'affirmation contestée². Mais il n'en
est pas moins vrai que son flair avait rencontré juste. En
dehors des qualifications officielles qui, grâce à l'homonymie,
semblent confondre aujourd'hui la grand'mère avec sa petite-
fille, l'usage vulgaire des surnoms d'origine permettait aux con-

---

1. La date vraie de l'érection de cette pyramide est 1200, comme le dit
Paulin Paris, d'après l'antique inscription lapidaire relevée lors de la
démolition de l'édifice, en 1791, et dont le fac-simile est conservé à la Bibl.
Nat., Cabinet des Estampes, topographie du Pas-de-Calais. Arnould de
Raisse (Raissius) l'a publiée deux fois, en 1628 et 1634. Les bénédictins
D. Martène et D. Durand, lors de leur *Voyage*, ont lu comme lui 1200. Dans
cette même inscription, Gazet, prenant l'abréviation onciale de *Hæc* pour XV,
imprima 1215. Le P. Fatou a copié l'erreur, et la fausse date, pieusement
recueillie par les modernes historiens de la Sainte-Chandelle, contre-balance
aujourd'hui la vraie dans la chronologie officielle de l'institution. C'est là ce
qui a trompé M. Guy.

2. *Hist. litt.*, t. XX, p. 795.

temporains de distinguer du premier coup une Mahaut *de Tenremonde* d'une Mahaut *de Béthune*. C'est d'après cet usage que l'expression de Bodel nous paraît devoir s'interpréter.

Est-il besoin d'ajouter qu'il n'exista jamais d'avouerie de Béthune, mais seulement une seigneurie de ce nom, titulaire de l'avouerie d'Arras ? « Avoué de Béthune » n'est qu'une abréviation courante pour « seigneur de Béthune, avoué d'Arras ». Le « châtelain de Beaumés », ainsi désigné v. 446, était « seigneur de Beaumés, châtelain de Bapaume ». On disait de même « le vidame de Picquigni » pour « le seigneur de Picquigni, vidame d'Amiens ». « Avoeresse de Béthune » ne prêtait alors à aucune ambiguïté.

Pour Ansel de Beaumont, la critique est dans le vrai. Non seulement l'Anseau en question n'a rien de commun avec la bourgeoisie d'Arras, ni son Beaumont avec le Beaumont d'Artois, mais il y a plus : de ce qu'au nom de Wibert *de Beaumont* Bodel accole celui d'Ansel, il ne s'ensuit nullement qu'on doive joindre au second le complément toponymique du premier. Wibertus de Bellomonte nous est connu ; il faisait partie de l'échevinage en 1201. L'autre bourgeois, bien que plus incertain, paraît être Ansel, frère du maire d'Arras Sauwalon, témoin d'une transaction en juillet 1206, décédé en 1247[1], 1[21].

---

1. M. Wilhelm Cloëtta n'admet pas non plus l'identification supposée, mais pour une raison toute particulière. D'après le critique allemand, l'Ansel du *Congé* et l'Anselme ou Anciaume de la chronique porteraient deux noms « absolument différents » (Die beiden Namen sind durchaus verschieden. *Archiv für das Studium der neueren Sprachen und Litteraturen*, t. XCI (1893), p. 30). Cette opinion nous paraît insoutenable ; Anselmus, Ansellus, *Ansiaume, Ansiaus, Ansel, Anseau* ne sont que les formes diverses d'un seul et même nom. Il suffit pour s'en convaincre de consulter le *Rec. des Histor. de la France*, t. XVII-XXIV, où l'on rencontre notamment Anselmus, Ansellus, *Anseau*, évêque de Meaux, 1197. — Anselmus, *Ansiaus, Ansials, Ansiel* de Kaieu, 1203-1221. — Anselmus de Insula, *Ansiaus*, sires de Lille, dans le texte bilingue de Guillaume de Nangis, 1239 (Cf. Mousket en 1234). — Anselmus de Triangulo, *Anseau de Traynel* (Cf. *Olim*, 1259-1260). — Anselmus de Capriosa, *Anseau de Chevreuse*, 1304, etc. Les sceaux des seigneurs d'Aigremont, 1227-1330, portent

L'interprétation de la *Pastourelle* n'est pas moins sujette à controverse. Il est incontestable que l'hypothèse de 1187 s'adapte mal aux allusions historiques et topographiques des deux couplets :

> En ceste contrée...
> Li François i ont esté
> Ki trop l'ont gastée.

> Sire, estes vous des eschis
> Ki l'iaue ont passée,
> Qui de l'autre part le Lis
> Font lor assamblée ?
> Trecheor et foimentis
> Et gent parjuree !

> . . . .

Mais est-il donc nécessaire, pour expliquer ces vers, de descendre avec M. Schultz jusqu'à la campagne de Bouvines, en 1213 et 1214[1] ? Je ne le crois pas. Les événements politiques et militaires auxquels ils ont trait sont évidemment ceux de 1197-1198, que relatent tous nos historiens : l'invasion de l'Artois par Baudouin, comte de Flandre, la prise de Saint-Omer, d'Aire sur la Lys, de Lillers, le siège d'Arras ; puis l'entrée en campagne de Philippe-Auguste, la délivrance d'Arras, le passage de la Lys par les Français auprès d'Aire, la tentative sur Ypres, etc[2].

indifféremment, comme les textes, Anselmus, *Ansel, Ansiel* (Demay, *Sceaux de Flandre*). — Le frère du maire d'Arras est appelé Anselmus au *Cartul. du chapitre* en 1206 et dans un titre de 1225 aux Arch. nat., S, 5208, Ansellus à l'obituaire (ms. 305, 23 avril), *Ansiaus* dans un acte original d'entreravestissement de 1246 aux Arch. du Pas-de-C., *Ansel* au *Nécrologe*, 1247, 1[u].

1. *Zeitschrift für romanische Philologie*, t. VI, p. 387-390.

2. Jac. Meyer, *Annales rerum Flandr.*, p. 61. — Henneberf, *Hist. gén. d'Artois*, t. II, p. 293. — Dom Devienne, *Hist. d'Artois*, seconde partie, p. 127. — Achmet d'Héricourt, *Les Sièges d'Arras*, p. 34. — E. Lecesne, *Hist. d'Arras*, t. I, p. 113. L'opinion de M. Cloëtta, qui fixe au printemps de l'année 1199, la composition de la *Pastourelle*, n'a donc rien que de très vraisemblable. V. *Archiv für das Stud. d. n. Sprachen*, t. XCI, p. 46. Cf. *Essai sur Adan de le Hale*, p. 551.

Sans s'arrêter à ces discussions collatérales, M. Gaston Raynaud a pensé, non sans raison, que la solution directe du problème doit se trouver dans l'identification des personnages cités au *Congé*. C'est dans ce sens qu'il a dirigé ses recherches; et si elles n'ont pas abouti, du moins quant aux précisions, la faute en est à l'erreur commune sur le véritable caractère du Registre de la confrérie.

Reprenant donc l'enquête d'après les nouvelles données nécrologiques, nous allons demander à une statistique rigoureuse quels sont, parmi les personnages du *Congé*, ceux dont la mort certaine est antérieure à 1248, et quels sont ceux qui survivaient à cette date. La balance des chiffres décidera entre les deux systèmes contraires.

Le *Congé* comprend, au maximum, cinquante indications personnelles, dont treize consistent en titres, prénoms et autres signalements trop vagues pour qu'on puisse reconnaître et affirmer à priori l'identité de ceux auxquels ils s'appliquent[1].

Dix autres personnages, plus clairement désignés, n'ont laissé aucune trace au *Nécrologe*, non plus que dans les autres documents du temps : ce qui porte à vingt-trois le chiffre des récusations préalables[2].

Reste donc à recueillir vingt-sept témoignages. Ils se répartissent de la manière suivante :

Dix noms inscrits dans les listes mortuaires de la première

---

1. Dans Méon. Vers 26 : L'oncle et le neveu. — V. 218 : Baude et Tumas. — V. 229 : Le monoier. — V. 253 : Baude. — V. 322 : Li markeant. — V. 362 : Bernart. — V. 403 : Signor Mahiu. — V. 424 : Le castelain de Biaumés. — V. 446 : Le castelain d'Arras et Bauduin son fils. — V. 459 : Le maire d'Arras. — V. 475 : L'avoeresse de Béthune.

2. Vers 73 : Robert Werri. — V. 169 : Waignet. — V. 157 : Waubert le Clerc. — V. 180 : Me Renaut de Biauvais. — V. 316 : Pieron Wasket. — V. 319 : Huon Durant. — V. 350 : Baude Bolard. — V. 362 : Robert al Dent. — V. 410 : Jofroi le Mire. — V. 437 : Wibert de le Sale.

Me Renaut, ce trouvère ignoré, me paraît être l'auteur du très remarquable serventois publié par Jubinal sous le nom de maître Renas (*Hist. litt.*, XXIII, 705). Waignet rappelle « Caignés vielère » † 1200, 2e et Baude Bolart pourrait être « Bodart Baldus » † 1203, 3e.

partie du siècle se retrouvent également dans la seconde, de sorte que l'homonymie en laisse tout d'abord l'attribution flottante entre les deux hypothèses[1].

Deux noms seulement sont postérieurs à 1250[2].

En revanche, il y a dans le *Congé* quinze mentions, toutes antérieures à 1248, qu'on ne rencontre plus à Arras après cette date, ni dans le *Nécrologe* ni ailleurs[3]. Le poids de cette

---

1. Vers 16 : Jehan Bosket, † 1227, 3[14], peut-être oncle ou neveu (v. 26) de Balduinus Bosket, échevin en 1201. Un autre, échevin en 1247, † 1252, 1[16]. — V. 37 : Simon Disier, lisez d'Isier (*de Isero*, Izel-les-Equerchin), † 1245, 1[14]. Ms. 740, Obit, 29 août. Un autre † 1261, 1[8], avait des maisons à l'entrée de la rue de la Warance, d'après les *Hostagia* de 1261, f° 22. — V. 121 : Robert Cosset, cité dans le pouillé des rentes de Saint-Vaast en 1170 ; dans le *Cartul. du chapitre*, acte du 3 avril 1212 ou 1213 (année incertaine) ; comme clerc dans le *Cartul. de l'Évêché* en 1222. Un autre † 1272, 3[1], etc. — V. 133 : Warins (li joglere), 1203, 1[5]. Autres † 1234, 3[14], 1236, 3[1], 1271, 1[14]. — V. 193 : Nicole le Carpentier † 1210, 3[1]. Autre aux comptes du bailliage d'Arras, 1300, 1305. — V. 241 : Bertel ; Jacques Bretel, échevin en 1223, † 1229, 3[15]. Jehan Bretel, † 1244, 2[16]. Jehan Bretel, le trouvère † 1272, 1[35]. — V. 265 : Baudouin Fastoul et sa femme Marie, bourgeois d'Arras en 1212-13 (Bibl. d'Arras, *Cartul. de Marœuil*, dans Le Pez, p. 130), « Bauduwin Fastoul », échevin d'Arras en 1213 (Arch. nat., S, 5208). Fastolius Baudes, † 1213, 2[3]. Autre Baude Fastoul, échevin en 1265 (Bibl. d'Arras, ms. 316, p. 261). — V. 289 : Robert Piédargent, † 1228, 2[29] ; autre, † 1230, 2[12] (Cf. Robert Piédargent, dans Guiman, en 1170, † 1196, 3[16] (Voir Obit. ms. 740, 28 nov. et 18 oct.). M. Guy relève un Robert Piédargent de l'hôtel de Charles d'Anjou, à Naples. — V. 329 : Bertran ? Bertran fils Tieson, † 1200, 3[14]. Bertran Nicole, † 1234, 3[12]. Bertran, † 1275, 3[9]. — V. 400 : Ansel, Anselmus frater majoris, témoin avec Robertus Louchars (v. 339), dans une charte de 1206 (*Cartul. du chapitre*, f° 156-157). « Ansel frère le maieur » dans un acte de 1225 (Arch. nat., S, 5208) : « Pro Ansel frere le maieur 1247, 1[14]. » Autres Anselme au *Nécrol.*, 1212, 1[34], 1252, 2[6], 1285, 2[4].

2. Vers 97 : Henri Bougier. — V. 327 : Martin Vredière (voir ces noms dans l'*Essai sur Adan de le Hale*, p. 559).

3. Vers 51 : Bauduin Soutemont. Zotemont, † 1218, 3[19] (Zotemonde, † 1220, 2[2]). — V. 64 : Girart d'Espaigne (Epagne, canton d'Abbeville), « Espaigne Gérars » † 1205, 2[18]. Cf. ms. 740, 1er février, Ob. Gerardus de Hispania. — V. 85 : Berart, † 1220, 2[34], 1232, 3[28], 1240, 3[15] (Berarde, 1270, 3[25]). — V. 97 : Henri le Noir, † 1202, 2[7]. — V. 109 : Jakes au Dent, † 1217, 1[9]. — V. 121 : Mahiu Cosset, témoin de l'acte de 1212-1213 relevé dans la note précédente, au vers 121, à propos de Robert Cosset. Cosses Matheus, † 1237, 3[3]. —

dernière constatation entrainant logiquement les identifications indécises dans le sens indiqué déjà par les vraisemblances, la croisade de Constantinople obtient, à deux noms près, l'unanimité des suffrages.

Les deux noms dissidents sont ceux de Henri Bougier et de Martin Vredière. M. Guy les a relevés et s'en fait un argument contre la thèse adverse. Mais il convient de remarquer que, d'après les manuscrits, Henri Bougier n'est qu'une variante, assez incertaine d'ailleurs, de Henri le Noir, mort en 1202, 2'. Si donc on veut voir là deux personnages distincts, encore faudra-t-il, malgré tout, les supposer contemporains.

Il en est de même pour « Martin Vredière — de là fors ». N'habitant pas Arras, il n'a pas dû trouver place au *Nécrologe*. L'inscription de 1269, 3', se rapporterait donc à quelque autre, peut-être à son fils. Dans les deux cas, l'exception d'homonymie paraît trop bien justifiée pour que ce détail équivoque puisse infirmer les conclusions de l'ensemble.

V. 145 : Vaast Huchedeu n'est pas au *Nécrologe*. Il était fils de Sauwalon Huchedeu, l'*Officialis* du feu comte Philippe de Flandre, et chevalier en 1204, d'après une charte du mois de février de cette même année, n. st., datée de Saint-Jean-d'Acre (Arch. nat., S, 5208, n° 38). — V. 205 : Tiebaut de le Piere était échevin en sept. 1212 (*Cartul. du chapitre*, pièce CLXXVII), témoin de lettres de Névelon le maréchal en avril 1217 (Teulet, *Layettes*, p. 178); « Ad Petram Tiebaut, † 1221, 2⁴⁴ ». Le « mansus Theobaldi de Petra » est mentionné en nov. 1233 (Supp. au Guiman de l'Évêché, n° 492). — V. 277 : Raoul Ravouin, maire de la confrérie. « Rabuin Raol », † 1204, 1¹². Cf. Rabuine Heluis, † 1203, 2'. — V. 303 : Aliaume Piédargent, cité dans Guiman, p. 204, échevin en 1201. « Alelmes », † 1217. 2¹¹ ? Cf. ms. 740, 4 juin : Ob. Alelmus Pes argenti. — V. 331 : Mahiu le Fort, † 1235, 1²⁴. — V. 339 : Robert Locart ou Louchart, témoin d'une charte de février 1205, n. st., n° 530 du supp. de Guiman (cf. ms. 316, p. 110), et avec Ansel d'une autre charte de 1206 déjà citée plus haut. Loucardus Robert, † 1222, 3¹. Voir ms. 740, 9 août : Ob. Rob. Loucars et Hugo nepos. — V. 374 : Baude Wistrenaue : « Non clericus Baudes Wistrenaue », † 1240, 2². Cf. Guiman, p. 204 : Domus Balduini Wistre. — V. 396 : Gérart Joie, « Gaudium Gherars », † 1229, 3²⁷. — V. 400 : Wibert de Biaumont, *de Bellomonte*, échevin en 1201, est cité en 1219 comme témoin d'une convention entre le chapitre de Saint-Vaast au sujet de Hachicourt (Supp. au Guiman de l'Évêché, n° 465) : « Montbel Wibers, » † 1234, 2⁴.

Au surplus, il est une dernière date qui domine tout le débat et tranche souverainement la question, c'est la mort de Bodel. On s'est prévalu de l'absence de son nom dans les listes du *Nécrologe*, et, de part et d'autre, les raisons n'ont pas manqué pour en expliquer la cause. Or le nom s'y trouve inscrit en toutes lettres, folio 6 verso, à l'avant-dernière ligne de la première colonne. Bodel mourut peu de temps après la Purification, c'est-à-dire vers la fin de février ou au commencement de mars de l'année 1210.

Le *Congé* est donc bien de 1200 à 1202, comme le pensait Paulin Paris[1], et non de 1248, comme l'avait supposé Arthur Dinaux.

1. *Loc. cit.*, p. 796.

ERRATA

Page 8, note 5, ligne 9, *lisez* C. s. IIII mains
 — 9, — 5, — 1, — si prise le mencaud IIII s. l'an.
 — 9, — 5, — 8, — Somme que j'ai de remanant IX^{xx} ℔.
 — 9, — 1, — 2, *ajout.* A, 1009.
 — 11, — 1, *lisez* Bibl. nat. ms. fr. 375, f° 338 v°.
 — 12, — 2, *suppr.* inédite (V. notre *Inc. chron.* DOC. XXXI)
 — 18, ligne 26, *lisez* 1268.
 — 22, — 18, — Dist uns *jurés* li plus senés.
 — 24, — 12, — V. 89.
 — 44, — 16, — Que c'est uns lius
 — 46, — 4, — A le grant feste
 — 48, — 10, — Et quant il voit
 — 49, — 13, — C'est cil qui gist tous jors el tan...

CHALON-SUR-SAÔNE, IMP. FRANÇAISE ET ORIENTALE E. BERTRAND

www.ingramcontent.com/pod-product-compliance
Ingram Content Group UK Ltd.
Pitfield, Milton Keynes, MK11 3LW, UK
UKHW020001100726
13658UKWH00002B/753